AF422162

De Estas Tierras

David Canales Martínez

**Segunda
edición**

AGRADECIMIENTO

Integra Capital Humano

Dynamic

Canales & Advisors

Asociación de Cronistas de Nuevo León,
don José P. Saldaña

Jaime Palacios

Indy

Panphilo´s

Consejo de Valores

Pyxius

Fortacero

Ride my Bike

Quiero enamorarme de la vida,
para verla con dicha, no con amargura.
Quiero enamorarme de la vida,
así buscar a toda costa estar a su lado.

Enamorado de la vida pudiera vencer mis miedos a vivirla.
¿Cómo he de enamorarme de la vida
y así vivirla con fe de que cada día
es una oportunidad de demostrarle mi amor?

CONTENIDO

INTRODUCCIÓN

Nacimos para ser felices,
no para ser perfectos.
La felicidad es de largo plazo
y compartida.

Al entender lo que me apasiona aprender de nuestras raíces, la aceptación de *Soy Norestense* (un libro vale si es leído), y la manera como tanta gente me ha llenado de sus propias anécdotas, alguien me dijo: "ya tienes para un segundo libro". El segundo ya estaba en camino: *Guerra en Tierra Viva*, una novela histórica que nos transporta a 1630 que busca ilustrar los inicios de los pueblos norestenses. Por lo que ahora tengo pa'l tercero, en el que regreso al siglo pasado con mucha gracia, espero. Recordar puede ser nostálgico, pero esto es alegre, pues pese a todo por lo que pasaron los norestenses, a fin de llegar a donde estamos, lo hicieron con sacrificio y con gusto.

Desde siempre he aprovechado toda oportunidad para estar en el monte. En mi juventud, mi amigo Juan Barragán nos invitaba al rancho de su abuelo cerca de Montemorelos. Llegábamos pardeando, escuchando "la Naranjera" en el radio de la camioneta. El locutor daba las noticias: "... otro que se nos murió y lo están velando en las capillas zutanas es don menga-no, toda su familia está en el velorio. Y hablando de muertos nos avisan que don perengano ya mató el marrano para que pasen por chicharrones".

Mis libros me han abierto la puerta para platicar con mucha gente, sobre todo mayor. Yo aprovecho cada ocasión para nu-trirme de la sabiduría de los que tienen más camino recorrido, de los norestenses que vivieron sus años mozos a mediados del siglo XX. No termino de maravillarme con sus historias, creo que ustedes también lo harán.

Cada uno de los personajes de este libro;

El dentista Humberto de la Garza, auténtico como pocos, posee una admirable actitud hacia la vida. Hay mucho que aprenderle, todos los sábados recibe a familiares a comer en su casa, él les hace elotes en un tambo.

El pueblerino Cecilio de León siempre te deja la sensación de que le ha dado mucho gusto verte. Cuando me juntaba con él, me saludaba con "la mejor de las tardes", yo lo recibía con "vaya, hasta que te vuelvo a encontrar", él me contestaba con "es que traigo delito". Como no había hecho la tarea que le iba encargando, escribir sus memorias, le daba pena volverme a ver. Ese era su delito.

Mi tía abuela Maty, hermana mayor de mi abuela materna Olga Fernández de Martínez, siempre muy positiva y con una enseñanza para nosotros. A mí me enseñaba canciones y me ponía a cantar: "No importa que se te salga un gallito, así irás modelando tu voz".

El historiador Fernando Garza Quirós. Orgulloso nuevo-leonés, profesor por más de 37 años en diversas instituciones

de la ciudad. Psicólogo empresarial y escritor de trece libros, mismos que quiero rescatar. De los que mejor se expresa son *Niño Fidencio y el Fidencismo* (Quinta Ed. 1992), *Caballo blanco*, y *Los Valladares del Viento* (de 1976, actualmente agotado) donde escribe del ánima de la Anacahuita en la zona del llorón de Icamole. Yo he podido leer *Etcétera*, escrito a mano, y *Muebles y Utensilios de la región noreste* (las casas de los primeros europeos eran como las posadas españolas donde cada quien encuentra lo que lleva). Habla despectivamente de los que usan traje como entacuchados. Una de las veces que lo fui a visitar a su casa, acompañado por mi amigo Miky, ya entrados en la plática nos preguntó: "¿traen cigarros?" "No, no fumamos". "Que gente tan aburrida". Después de la segunda interrupción igual, nos ofrecimos a ir por unos al estanquillo, y así pudo seguir platicando y recordando: echando humo.

El paisano José Salán Manzur, de los norestenses adoptivos que aportan sus costumbres para mejorar nuestra esencia. Al llegar a una de nuestras pláticas, junto con su hijo Beto, se queja un poco de su salud y me dice: "Más vale que te apures con tu chingado libro porque no llego a diciembre". "Ya nomás me faltan ocho años", le contesto entre risas. Platicando sobre cómo fue haciendo sus negocios se sincera: "Pude haber comprado más, pero no quise perder lo que tenía y lo que no tenía".

Roberto Alexander, nacido en Laredo, Texas, es muy estudioso de su genealogía: de ascendencia americana —desde las trece colonias y de las primeras familias españolas— por parte de padre; alemán y mexicana por parte de madre. Sabe mucho y lo disfruta más. Con tanto vivido y con tanta familia sorprende lo tímido y sencillo que es. Su memoria es una maravilla de noventa años. Impacta su emoción al platicar de familia: "Tenemos una tarea muy grande tú y yo, pero más tú que yo", me sentencia con alegría.

Elinge, tío Enrique Canales Santos, que tanto legado nos dejó al cultivar su fregonería. No termino de aprenderle. La muerte lo pescó bien vivo. A ver si así me pesca a mí, pero como dice nuestro dentista "no tengo prisa".

Andrés Martínez Farías, con pláticas sabrosas y unas ganas de vivir que contagia. Su bisabuelo y mi tatarabuelo son el mismo. También es primo de la esposa de Roberto Alexander, y muy querida Consuelo Pérez Maldonado Farías. Mientras yo estoy terminando este libro él está trabajando en "El Merlot" un restaurante en Tijuana, Baja California. En sus propias palabras: "Este trabajo es de atención, como una orquesta, aunque tengas puros virtuosos (chef, panadero, meseros, somelier, etc.) sin dirección desafina. Estamos mejorando, pero nos falta un 40%. Predicando con el ejemplo la cultura que aprendimos de nuestros padres. No vendemos, atendemos, brindamos servicio. Y además están mis nietos que están también aprendiendo".

Osvaldo García Nájera, quien no es personaje, pero como si lo fuera. Las pláticas con él, sus hermanas y su sobrino Pepe (José García Padilla, el Pollo, como le decíamos en la escuela), nos dan para otro libro. Fue de los primeros vecinos de la Chepevera y primeros estudiantes del Regiomontano, eso me ayudó a plasmar mejor la vida de entonces.

Todos son seres reales que pasaron por aquí el siglo pasado. Algunos, gracias a Dios, siguen pasando con sus coincidencias y divergencias. Sus historias son tan recientes como el recuerdo

vivo de cada uno de ellos y tan distantes, como distinto es lo que vivimos ahora, en comparación a sus tiempos. Son recuerdos compartidos conmigo, y con el fin de pagar la deuda, se los ofrezco a ustedes en este libro.

Me he topado con muchos testimoniales de norestenses que han querido dejar en papel lo que nos legaron en vida. Aunque el mercado no valora mucho esos libros, yo sí. Los disfruto y aprendo sobre la forma de vida de mis abuelos y de mis padres, de cuando había tiempo para platicar, para disfrutarse. Algunos de estos libros se pueden consultar en la biografía, como el de Manuel Llaguno Farías que nos platica que su papá no les daba mesadas, ni quincenas, ni domingo, sino un reembolso: "al inicio nos asignó $25 dólares, cuando le comprobábamos los gastos nos reponía el dinero". En la Casa de la Cultura de Nuevo León hay una biblioteca, tiene un apartado que se llama Cripil. Ve y pregunta por la Lic. Martha Uvalle Gómez, te va a ayudar a encontrar el libro que buscas. Los libros que tienen ahí son un tesoro esperando ser desenterrado.

Como todo trabajo de investigación histórica, hablo de posibilidades, tratando de interpretar sentimientos. Hay hechos y hay interpretación de los mismos. En cada etapa me estuve preguntando: ¿Estoy dejando al lector que piense?

IRONÍAS MODERNAS

Discute,
pon a prueba tus ideas,
así irán madurando.
Tus ideas, no tus valores.

Ahora que platico tanto del pasado me doy cuenta de que cada vez somos más irónicos. Antes les decíamos colmos, ¿te acuerdas? Nos decíamos: "¿Cuál es el colmo de un zapatero? Tener una mujer-suela". Aquí te enlisto algunos colmos del mundo moderno:

Toparte con un pendejo hablando por un teléfono inteligente.

Que alguien te diga reclamándote: "estás bien mal". "¿Estoy bien, o mal?"

Los comercializadores se ganan el doble y los productores apenas sacan para seguir produciendo.

Por estar chateando, los niños no hablan.

La señora que tiene quinientos amigos en Facebook, pero nadie la visita cuando está enferma.

Tener un perro al que lo pasea el chofer.

Los pela'os que usan el sombrero para verse bien, si es para hacer sombra.

Los empleados que se quejan de los bajos salarios, pero todos tienen auto, celular propio, gastan cien pesos diarios en fritos, gansitos y cocas.

Los políticos que se encargan de la seguridad del pueblo andan rodeados de guaruras, pagados por el pueblo, para su seguridad personal.

Somos el país del futuro y siempre lo seremos.

La mitología egipcia tenía muchos dioses. El dios Toth, inventor de la escritura, fue recriminado por Amón, el dios-rey, con estas palabras: "tu hallazgo fomentará la desidia en el ánimo de los que estudian, porque no usarán de su memoria, sino que se conformarán por entero a la apariencia externa de los caracteres escritos y se olvidarán de sí mismos.

El estatus te lo da el modelo del carro que manejas, aunque lo debas.

Decirle, despectivamente, pueblo bicicletero, a los lugares donde se usa comúnmente la bicicleta como medio de transporte. Cómo si el automóvil te pusiera en otro nivel.

Construir parques industriales donde antes se sembraba alimento y llamarles desarrollo.

Hacer diminutivo hasta del más poderoso. "Tengo fe, porque diosito es muy grande".

Una cuarta parte de la humanidad se muere de hambre, la mitad está a dieta y la otra cuarta parte parece que ni se entera.

¿Dónde quedó la frase "en paños menores"? Ahora salen a la calle en más menores paños que los de aquel entonces.

Lo convenido por los políticos no es lo que le conviene al pueblo.

Hace poco, trabajando en la construcción, escuché: "Esto sí urge, pero no tanto".

Cuando no sabemos manejar la doble negación en el lenguaje. Lydia Martínez, compañera de trabajo, tiene una hija a la que le dijo cuando la vio muy preocupada por algo: "No pasa nada". A lo que la niña le contesto: "Sí pasa nada".

Nos gusta criticar a la gente viva y venerarla después de muerta. "Aquí la gente quiere mucho a los mártires —decían en Cuba—, pero después de muertos".

La discriminación, por sí sola, es la peor ironía. ¿Quién tiene derecho a hacer sentir inferior a otro ser humano? Podemos dividir la discriminación en dos: por una situación temporal, cambiable, o por una esencia, de origen. En la primera el discriminado tiene posibilidades de revertirlo, no digo que está bien pero el burro puede estudiar, el flojo puede hacerse activo, el gordo puede hacer dieta. Si discriminamos por lo que es: negro, chaparro, gangoso, indio, feo (según quién), son esencias, ya no tiene para dónde hacerse. Estamos cometiendo una injusticia social dividiendo a la humanidad, esto reduce nuestras posibilidades de trascender.

Tantarán tantán.

NUESTRO DENTISTA

Discúlpeme que no me enoje,
soy millonario.
Discúlpeme que no le preste,
no tengo dinero.

Las personas conviven en los lugares comunes: los compañeros de trabajo en oficinas y fábricas; los que comparten una religión, en las iglesias; en los parques, los vecinos. Algo sucede en los sitios que asistimos con frecuencia como el peluquero o el dentista, a la vuelta de varias citas la familiaridad se da de forma natural.

Toda mi familia acude a la clínica dental De la Garza, ubicada en 5 de Mayo y Juan Álvarez, en el centro de Monterrey. Los hermanos De la Garza son exalumnos del Instituto Regiomontano, vecinos de la Chepevera, familia política de mi hermano Pato y muy profesionales. Aprovechando las consultas de los miembros de mi familia chiquita, me ha dado la dicha de platicar con un regiomontano muy especial, una persona que cuando se le ocurre algo lo hace, y se le han ocurrido muchas cosas, como quitarle a sus sobrinos el miedo a las víboras, escondiéndoles una en la bolsa del pollo frito, o usar los refrigeradores que ya no sirven como bodega. Ese es don Humberto de la Garza García. ¡Ah, qué cosa tan más deliciosa!

Llego a visitarlo a la clínica, a nuestro mecánico dental, y me recibe con una visera en la cabeza que tiene dos lupas de aumento. A sus 90 años sigue chambeando y con un ánimo que contagia.

—¡Ah, qué bárbaro, David! —me dice—, cómo conoces historias, como te ríes en las entrevistas, eso se pega.

—Me han dicho que usted conoce a todas las familias que vivían alrededor de la alameda.

—Eran mis rumbos, háblame de tú, ¿qué es eso de usted? Antes tenía más árboles y las bancas que pusieron ahora... Están barbaros, me senté en una y me di un ranazo, ¡no tienen respaldo!

El consultorio está en la casa que fue de su familia, donde creció con sus hermanos. Cuando don Humberto instaló ahí su laboratorio dental aún vivía su mamá y sus hermanos solteros. Más adelante, su hermano Pablo acondicionó un segundo piso para poner una imprenta. Al casarse la última de las hermanas, su mamá se fue a vivir con una de sus hijas, a dos cuadras del consultorio hacia el poniente. Los miembros de la familia se pusieron de acuerdo y compraron la propiedad entre don Humebrto y sus hijos, que ya se habían graduado de dentistas, para dejar el puro el consultorio.

De ahí salimos caminando los dos a dar una vuelta rumbo a la alameda Mariano Escobedo: histórico parque de la ciudad. La ruta comprende dos cuadras de casas de setenta años de antigüedad. No son muy grandes, algunas aún en funciones con sus jardineras llenas de macetas, varias acondicionadas como pequeños negocios, otras más, abandonadas.

—La alameda, has de cuenta que era nuestro jardín de la casa, el jardín de todos los vecinos. Poco a poco se fue que se fue perdiendo ese paseo familiar. En el 610 vivía Rodolfo Barrera, el cuñado. Tenía muchas hermanas. Nos juntábamos con Sergio Decanini, Toño Benites, y los hermanos Javier, Lalo y Miguel Barragán. Mira, en ese árbol hace cincuenta años me dio un cachetadón una muchacha.

Guarda silencio, parece que ve pasar un recuerdo. Teniendo en frente ese gran parque, que el gobernador Vidaurri construyó con visión para el esparcimiento de las familias que se iban instalando en las nuevas colonias.

—Ahí se paseaban en bicicleta, había terrazas para tomar café, un zoológico y un taller donde los niños aprendían manualidades. Se fue apagando a principios de los 80. Los cines empezaron a pasar películas "para adultos", las familias dejaron de usarlo. ¿Ahora qué hacen las familias? —Después de la pausa prosigue con el mismo ánimo—. No sé qué tiene la alameda que junta a mucho huevón.

Me río.

—Será la sombra de los árboles.

—Tú nomás te ríes pero mira cuanto huevón ahí sentado sin quehacer.

—¿Y así ha sido siempre?

—Bueno antes todo el vecindario era de casas, hogares. En el 902, esa casa de la esquina, vivía Manuel Barragán, tenía siempre la casa llena de indígenas que entraban y salían. A él lo veía seguido, éramos vecinos de rancho allá en San Rafael, a donde íbamos a pescar. El río Santa Catarina formaba muy buenos charcos.

—¿De ahí le entró el gusto por la pesca? Hasta hace poco salía mucho con sus hijos, hasta lancha tenían.

—Me encanta pescar. Bueno no sé sí me gusta más salir al monte o será lo mismo. Dos o tres veces al año me llevaba a todo el que podía a los charquitos aquí cerquita: la presa Falcón, las Adjuntas... hasta a Soto la Marina llegábamos. A ti también te gusta mucho salir, conoces muy bien Bustamante, un pueblo donde vale la pena morir. En tu libro no platicas de tu primera novia, tu primer beso, le sacateaste, ¿verdad?

—La mera verdad, sí.

—La mía fue desgraciadísima.

Seguimos caminando en la alameda, aguantando el ruido del tráfico y aprovechando la sombra de los antiguos árboles. Los primeros se plantaron en el invierno de 1880: álamos, fresnos, sabinos y sauces, 486 en total.

—En la casa con el número 236, esta grandota, estaban los funerales Benito M Flores. En esa esquina empezó el papá antes de que se cambiaran a Fleteros. Acá vivía Adauto Lozano, un peladazo. Una vez me trajo Cruz por esta calle, una sirvienta que tenía mamá, muy fuerte, me trajo cargado desde una cantina en Pino Suarez y me aventó a la cama. Se me pasó la tomada. Me quería mucho, de chiquito me encaminaba a la escuela.

Don Humberto me deja maravillado con las palabras que usa, que usábamos, y van desapareciendo, le tengo que interrumpir.

—Encaminaba, otra palabra que ya no se usa.

—¿Cómo se va a usar si ya nadie llega a pie? Antes las visitas llegaban caminado, al despedirse se les acompañaba una parte

del trayecto de regreso a su casa. Mis papás lo hacían mucho. Eso es encaminar. Enseñar a alguien por dónde ha de ir, ponerlo en camino.

La plática nos va llevando hasta la colonia Chepevera. Don Humberto se acuerda de todos los vecinos, como Osvaldo García Nájera, primera generación del Regiomontano. Don Humberto fue padrino de lazo en su boda; también de los profesores americanos Marcelino M. Lacas y James Ory, quien se había cambiado el nombre para quedarse a vivir en Monterrey, estando la persecución de los cristeros. Él le decía que la primera frase que aprendió en español fue "sepa la bola". Uno de sus primeros vecinos fue don Pedro Serrano, amigo del papá de Osvaldo, de don Andrés Sada y de don Gregorio Canales, impulsores del proyecto de la escuela lasallista Instituto Regiomontano. Un hermano de Osvaldo trabajó mucho tiempo en el consultorio de nuestro dentista, antes de que la segunda generación de dentistas De la Garza empezara a trabajar con él.

—Platíqueme de su papá —digo, terco en hablarle de usted.

—Se llamaba Humberto, nació en Monterrey, administraba, junto con sus tres hermanos, la colonia Pablo de la Garza, 36 hectáreas que se robó su papá el licenciado y general Pablo A. de la Garza. Bueno, mis tíos decían que fue en pago por sus servicios, prerrogativas de generales al terminar una guerra. A mi abuelo le tocó una época muy sangrienta. En la escuela te enseñan a los héroes como intachables; en la vida real, estos héroes aprendieron a morir ya que en vida tuvieron que aprender a matar. Mi abuelo primero fue licenciado y después, general.

La colonia Pablo A. de la Garza se encuentra al norte de lo que ahora es el parque Fundidora. Cuando hicieron el fraccionamiento estaba en funciones Fundidora de Fierro y Acero de Monterrey, la empresa siderúrgica más grande de Latinoamérica.

Su abuelo, el licenciado y general Pablo A. De la Garza y Gutiérrez, nacido en Monterrey en 1876, se graduó de abogado a los veinticuatro años, antes de que estallaran las revueltas revolucionarias. Ejerció su profesión por trece años con varios puestos oficiales, cada vez de mayor jerarquía, en Salinas Victoria, N.L., en el estado de Sonora, en la ciudad de Guadalajara y Veracruz. En 1913, como la mayoría de los jóvenes estudiados, se unió al movimiento constitucionalista combatiendo junto con el general Pablo González Garza en la zona de Coahuila, Nuevo León y Tamaulipas, con lo que le otorgaron el grado de General. A la caída de Victoriano Huerta, fue nombrado gobernador de Guanajuato. Permaneció al lado de Carranza, se hizo cargo del gobierno de Nuevo León de 1915 a 1917, pasó a ser Procurador General de la República de 1917 a 1918. Después del Plan de Agua Prieta, donde los sonorenses desconocieron el gobierno de Venustiano Carranza, fue exiliado, tuvo que vivir fuera de México y regresó al país hasta 1925.

—Con un abuelo tan famoso, ¿cómo fue tu infancia?

—Como la de todos en ese entonces. Antes todos éramos la misma bola. Nací en 1927 aquí en Monterrey.

Nació cuando su abuelo ya estaba de regreso en el país y el gobierno de Plutarco Elías Calles, más estabilizado. Su papá debió de haber nacido en 1900, cuando su abuelo, el futuro general, estaba recién graduado como abogado y empezaba con sus trabajos por diferentes estados de la república.

—Estudié en el Fernández de Lizardi[1], la mejor escuela, a dos cuadras al norte de mi casa y dos cuadras al poniente de la alameda. Un edificio enorme, inaugurado por el gobernador Aarón Sáenz, entre Modesto Arreola y Aramberri, donde antes estuvo un parque, sería parte de la alameda. Éramos como mil alumnos, un gentío. Fui compañero de César Lazo. Ahí sigue la escuela.

La ciudad estaba en crecimiento, con casas abiertas, niños jugando en la calle, vecinos conocidos.

—Cuando no teníamos clases nos íbamos toda la bola a pescar al canalón que se formaba despúes de los ojos de agua e iba a dar a la fundidora, juntábamos un montón de pescaditos, más chiquitos que nuestras manos. A algunos, me acuerdo, se les transparentaba la panza. Estos nos los llevábamos a casa de César Lazo donde los dorábamos en manteca de puerco. Los poníamos en las tortillas de la esquina, recién hechas, con sal. Una delicia.

Hace una pausa, sonriendo le reclama a su memoria. Pero le da tiempo para decirme un chiste a propósito del tamaño de los pescados.

—¿Tú sabes cuantos tamaños de medidas hay?

—Chico, mediano y grande.

---

1 La Escuela José Joaquín Fernández Lizardi, dos cuadras al poniente de la alameda, construida en la antigua plaza de San Jacinto, fue inaugurada en 1930, gracias al apoyo de José Calderón, la Asociación de Masones, la YMCA, y vecinos. Un esfuerzo posrevolucionario para revertir el analfabetismo de la región. Época de grandes maestros como Moisés Sáenz, Miguel F. Martínez, Serafín Peña, Pablo Livas y Macario Pérez.

—Esos son los normalitos, para los que se salen del molde hay para los más chicos, madrecita, y para los más grandes, mamalón, hijo de la chin...

Suelto una carcajada.

—No cabe duda de que para todos hay.

—La secundaria la hice en la número uno, en las calles de Juárez y M. M. de Llano, la primera secundaria de la región. Se decía que tenía un túnel que conectaba con la Catedral, pero nunca lo encontramos. Había que brincarse la barda para volarse las clases. Uno de mis maestros fue el profesor Armando Villarreal, compositor de Morenita Mía.

—¿A poco? Conocí una linda morenita y la quise mucho. —Me pongo a cantar—: Por las tardes iba enamorado y cariñoso a verla, al contemplar sus ojos mi pasión crecía, hay morena, morenita mía, no te olvidaré.

—Esa mera, pero no te rías, se la compuso a su esposa. Tuvimos muy buenos maestros e hice grandes amigos que después se hicieron buenos para la tomada. Parece raro pero hasta los mejores amigos cambian.

—Cambiamos nosotros, que no cambien ellos. Por eso es importante la familia, esos siempre estarán. ¿Cómo se acuerda de sus hermanos?

—Quedamos huérfanos de padre cuando yo estaba muy chico. En la casa éramos tres mujeres y tres hombres, las primeras dos fueron mujeres, yo fui el primero de los hombres. Mi hermana mayor, Nora, se casó con un chilango y se fue a vivir a México. Cuando terminé la secundaria me mandaron a vivir con ellos, buscando que no anduviera de vago. De lo que más me acuerdo es de los tacos de carnitas con chicharrón durito. El cuñado tenía un vivero, les arreglaba los jardines a artistas. Ayudándole en la chamba me tocó trabajar en las casas de Pedro Infante y la de Silvia Pinal.

»Quería estudiar veterinario, pero no pude. Me di una enfermada bruta, en ninguna parte conseguíamos penicilina, fue muy duro. Ya me regresaba a Monterrey cuando mi hermana me convenció de estudiar mecánico dental, yo no sabía qué era eso.

—¿Mecánico dental?, ¿por qué estudió eso?

—Para que no anduviera de vago allá tampoco. Fue en una escuela técnica cerca de donde vivía mi hermana. Entrando, entrando me salieron con que mecánico dental no es un dentista, es el que diseña y fabrica las piezas que se instalan en la dentadura como los postes, puentes, herrajes de los frenos e injertos. Yo me apliqué terminando la carrera técnica en poco tiempo. Los maestros me ponían de ejemplo a hacer las prácticas. Un profesor me quiso convencer de poner una escuela en Monterrey, pero qué va.

—La hubiera puesto, esas son muy buen negocio.

—No tengo vocación para enseñar, me falta inteligencia. —Hace una pausa y luego retoma el tema anterior—. La ciudad de México era muy bonita, te deslumbraba, tenía muy buen clima, pero no me hallé y me regresé a Monterrey e instalé mi laboratorio. Me puse a fabricar piezas dentales en la casa de mamá, donde está ahora el consultorio. Se las ofrecí a los dentistas que fui conociendo. Después me compré mi silloncito y abrí un consultorio, aunque se enojaron mis clientes, los dentistas, a quienes les vendía las piezas. Les estaba bajando a los pacientes, pero me dejaban más. No es justo, como dijo tía Justa la de cabeza grande.

—¡Ah, qué don Humberto...! ¿Empezó a trabajar en la misma casa donde ahora está Clínica Dental De la Garza?, ¿en qué año?

—Sí, me gradué cuando terminó la guerra. Ese Hitler, qué bruto qué matazón, hijo de la chin...

»La calle no estaba pavimentada —continúa—. Primero no tenía nombre, después le puse Dental de la Garza. Así que además de fabricar piezas dentales, empecé a atender a pacientes. Me fui con un dentista, de mis primeros clientes, Américo, buen amigo, mató a uno, ya se murió, la debía, tomaba mucho, buen hombre. Me iba a su consultorio a practicar cómo anestesiar, a empastar y así empecé en mi consultorio sin estudios. La profesión de dentista es muy buena, y eso que yo no soy, soy mecánico dental. Fui el primero de mis amigos en ganar dinero, de ahí que me buscaban para pagarles la tomada.

—Y decidió formar una familia. ¿Cómo conoció a su esposa?

—A Rosa la conocí en una boda en el Versalles, iba con su amiga Miralda. Desde lejos, por señas, le pedí que si quería bailar y me asintió con la cabeza. Me acerqué queriendo bailar con Miralda, pero se levantó ella, me cayó muy bien. No, qué mujerona me tocó, hija de la chin...

Así es nuestro dentista, habla mal de las señoras, como cuando llama al matrimonio "un mal necesario", pero finalmente no le queda otra que admitir que sin ellas no seríamos:

—¿Qué haríamos sin las señoras?

—Mejor no le digo. ¿Qué pasó después de ese primer baile?

—Luego la veía en la plaza Zaragoza, en el mero centro de Monterrey, entre Catedral y el palacio municipal. Era una plaza sin chiste, pero ahí veíamos a las muchachas, no había de otra.

Los domingos, los muchachos dábamos vueltas por la parte de afuera para un lado y las mujeres por la parte de adentro hacia el otro lado e intercambiábamos miradas.

— La inocencia de esa juventud.

—Me hice de una carcachita de 1929 y le pasaba a su casa, con pena porque la carcacha estaba muy viejita. Después llegué a tener tres Safaris, un modelo descontinuado de la Volkswagen para el monte: muy buenos carros y aguantadores. Para pedirle que fuera mi novia le llevé serenata con Los Tres Diamantes, un trío muy famoso, los contraté en el Bar Imperial, frente al Ancira.

Llevar serenata era toda una tradición. Normalmente se hacía con un trío, de los que que se ponían a las afueras de los bares, esperando que saliera algún novio envalentonado. "Tres regalos", "Si nos dejan", "Serenata sin luna", "La gloria eres tú" (castigada por los párrocos por que comparaba a la novia con la gloria del cielo). Cada quien tenía su favorita.

—Me iba a San Roque con Américo Treviño, mi amigo el dentista. Me portaba muy mal, me regresaba borracho, me escapé de la muerte varias veces. De lo que no me escapé fue de los regaños de mi señora —ríe y se encoge de hombros—. La esposa de Américo era muy guapa, él la celaba mucho. A veces en las parrandas nos enojábamos. Una vez me preguntó que si yo tenía algo con su esposa, le contesté: "Házmela buena, compadre". Se enojó mucho, ja, ja, ja. Hace poco vi a su hijo, mi ahijado. Me cayó de sorpresa. Ni sabía que se había muerto mi compadre, no me avisaron.

Continuamos nuestro lento caminar por la alameda, a veces batallaba yo para escucharlo, pareciera que se estaba hablando a sí mismo. Yo no lo quería interrumpir.

—Yo fumaba cigarros Bohemios y Raleigh, ahora fumo Marlboro Light, ¿cómo ves? Íbamos mucho a una cantina que estaba en la esquina de Villagrán y Tapia, ¿cómo se llamaba?

Otra vez se queja de su memoria con burla. Aunque hay cosas que las recuerda muy bien.

—Usted está muy bien, hay que dar gracias a la vida.

—En la vida hay que dar para recibir, menos en el box, ahí hay que dar para no recibir. ¡Ah, qué David tan bárbaro!

Me río.

—¿Cómo fueron los primeros años de casados?

—Con la idea de formar una familia. Había que darle duro a la chamba. De unos ahorros me iba a hacer de una casita, mi señora se entercó con la ilusión de una residencia y me ensarté con un terreno en la Chepevera que tardé años en pagar. Hoy tendría muchas casitas.

»Ya casados y con los hijos grandes, nos íbamos todo el mes de abril a Acapulco, fuimos durante diez años. Primero a México donde dormíamos en casa de mi hermana y de ahí a Acapulco. Nos tocaron tres temblores, en uno de esos estaba solo en el balcón, me quería aventar a la alberca de lo asustado que estaba, eran como tres pisos, pero se movía bien gacho el agua, me quedé paralizado hasta que pasó el temblor.

»Ahora trabajan muchos de mis hijos en el consultorio. Han trabajado conmigo, además de algunos sobrinos y ahijados, mis hijos Rosa, Humberto, Luis, Víctor y Hernán. No me dejan retirarme los cabrones.

Tantarán tantán.

PACIENTE CECILIO DE LEÓN I

Uno de los pacientes de nuestro dentista Humberto De la Garza es don Cecilio de León. Nació en la Estación del tren de Villaldama, de padre ferrocarrilero. Su niñez la pasó entre la estación Camarón y la estación Rodríguez, parte de la ruta Laredo a Monterrey, la primera línea que llegó a Monterrey en 1882. Las estaciones del tren contaban con varias bodegas, ahí se acomodaban los trabajadores con sus familias. La estación Camarón es la del municipio de Anáhuac, el último al norte del estado. Ahí vivió en el interior de una descascarilladora de algodón. Su padre, nacido en el Aguacate, municipio de Sabinas Hidalgo, NL, había vivido un tiempo en Estados Unidos. Se quedó decepcionado del trato de los gringos hacia los mexicanos. Les decía a sus hijos: "A los gringos, chíngalos y regrésate. Ellos nomás te tratan bien mientras les sirvas". Se regresó a México donde formó su familia. Nunca quiso volver allá. Ni viviendo en Camarón a 30 km de Laredo, ni cuando su hermano, que se quedó en Texas, le mandó dinero para que lo fuera a visitar. Los niños vieron cómo recibió la carta con los dólares, los volvió a meter y se fue para el correo a regresar la carta a su origen. "Y nosotros, que no teníamos ni que comer, no entendíamos por qué hizo eso mi padre".

Llegando a su consulta:

—¿Quiubo, Cecilio? Hacía mucho que no venías.

—La mejor de las tardes. Aquí me tienes, Humberto, con el gusto de saludarte y con una molestia en las encías, ya ni los taquitos rojos disfruto.

—Ah, ni me hables de comida, hace mucho que almorcé y me agarras con un filo... ¿Dices los de la alberca?

—Ha de ser la mesma cosa, pero estos están en Treviño. Taquitos rojos tostados de papa, cubiertos con repollo, cueritos y una salsa bien picosa, se me hace agua la boca. Están cerca de Villagrán, la calle de los mariscos donde están los restaurantes la Jaibita, la Ranita y el Suez. Aaaaah se me antojó un coctel. Ahora que si hablamos del más mejor, para mí el Al, ahí nos llevaban cuando terminábamos el inventario anual en Gamesa, el mejor menudo de Monterrey, muy decente machacado con huevo, con una atención de primera. No hay mejores meseros.

—Te dije que no me hablaras de comida, nomás te faltó cerrar con salsa molcajeteada de chile piquín. De la panza has de estar muy bien, hijo de la chin ...

—Sí. ¡No me amarran por bravo, sino por tragón! Quitándome lo de la encía, bendito sea Dios, de todo lo demás muy bien.

—Tú siempre tan persignado, ¿de dónde sacaste lo religioso?

—De mamá, papá era de otra forma. Mi madre era muy devota desde los tiempos de las sequías allá en Anáhuac. Se nos juntaban los días secos, con unos calorones brutos, ya veías gente con desfiguros y mamá, junto con las vecinas, sacaban a

San Isidro de la Iglesia para hacerle una peregrinación. No va usted a creer pero, antes de terminar el novenario empezaba a llover.

—Achis, achis, achis.

—Así como se lo platico, nos caía un aguacero que parecía que se nos venía el cielo encima. San Isidro se olvidaba de nosotros, había que sacarlo otra vez con la oración: "San Isidro Labrador, quita el agua y pon el sol".

Se ríe.

—Pobre San Isidro, en todos los pueblos es igual, primero le piden que llueva y luego que no llueva. Vamos a ver. Abriendo grande, grande la boca.

El tiempo pasa despacio durante el trabajo de un dentista. ¿Será por eso que se les llama pacientes? Los dos lo son, uno que no puede hablar con la boca abierta de par en par y el otro concentrado en su trabajo. Terminando de hacerle la limpieza:

—Listo, te encargo que no comas sólido hasta mañana. De tomar, lo que quieras. Haz cita para dentro de quince días, para terminar el tratamiento. Antes, mientras preparo al siguiente paciente, platícame otra vez de los oficios que se daban en tu pueblo.

Todavía con la boca adormilada, mientras se acomoda el siguiente paciente en el sillón, Cecilio comienza su plática:

—Con mucho gusto. Estaba el trampero, don Lupe Chavarría. ¿Se acuerda cómo se identificaba antes a las personas que se llamaban igual?

—Sí, por el apodo. En la bola éramos dos Betos: yo, el chaparro y el otro Beto, el borrado, tenía los ojos claros.

—Así era. Allá teníamos a don Lupe el chimuelo, un pela'o malencarado, y a don Lupe el trampero.

—Tráeme al malencarado chimuelo y aquí lo arreglo.

—Ja, ja, ya murió. Don Lupe, el trampero, vivía solo en un jacal a la orilla del pueblo, rodeado de muchos tiliches, era un cuchitril. Venía de Bustamante, tenía tiempo de haber salido de allá. Se dedicaba a vender, en Nuevo Laredo, cueros de coyotes, zorras, tejones y comadrejas, lo que cayera en las trampas. Sacaba las pieles "en bota", pa'que me entiendas: nomás les cortaba las puntas de las patas para encuerarlos, les daba una embarrada de sal primero y luego los ensebaba, los colgaba del techo de su jacal y los rellenaba con zacate. Quedaban como espantapájaros.

»En las calurosas tardes mi hermano y yo nos la pasábamos en el monte el par de güerquillos. Al pasar mondadeando por casa de don Lupe, el trampero, nos llegaba el apeste a cebo. Uno de esos días nos ofreció un taco. Mi hermano se lo comió pensando que era chicharrón de marrano. "Son de Tejón", nos dijo. Don Lupe y yo no parábamos de reír viendo la cara de mi hermanito queriendo devolver del estómago. "Todos los animales los hago chicharrón". Nos sentenció.

—¡Ah, qué bárbaro! Todo se comía el viejo.

—Todo, menos las víboras prietas, vivía una merodeando su parcela.

—Nomás eso me faltaba, que viviera con una víbora. ¿Las prietas son las que no son peligrosas?

—Conociéndolo, parece que me está albureando, pero hablando de las víboras, al contrario, esas matan a las cascabeles y se comen los ratones. Don Lupe le ponía agua para mantenerla cerca, así se libraba de cascabeles y roedores.

—Previsor el viejo. Cada personaje que sacas. ¿Cómo está tu familia?

—Muy bien, gracias, batallando algo con los hijos, crecen y se creen independientes. No los vemos hasta que se les ofrece algo de sus viejos. Pero como le digo a mi viejita: ya están aquí, para eso estamos los padres.

—Son de otra generación, Cecilio, andan en sus propias luchas y creen que nosotros estamos de oquis.

—Pos sí, pero no se puede perder, en el salto de una generación, las visitas de los aniversarios, cumpleaños y fechas importantes, esos días que son ordinarios para todos, pero para uno son muy significativos. Nosotros los hacíamos extraordinarios con presencia, ¿Cuándo le faltamos a mamá en su cumpleaños, en los aniversarios? Perdón, ya me puse nostálgico, son buenos muchachos. Es hora de retirarme.

—Los hijos son como son. Verás como estarán contigo, cuentan contigo. Nos vemos en dos semanas.

—Se platica muy a gusto con usted. La mejor de las tardes, Humberto.

Tantarán tantán.

PACIENTE MATY I

Se ha dicho mucho
pero no lo suficiente.

Mi tía Nena, Matilde Fernández Díaz, hermana mayor de mi abuelita materna, fue alguien con quien crecimos. No tuvo un buen matrimonio, recuerdo que nos comentó:

—Un día llegó Avelino, mi esposo, con un abogado y un montón de papeles. Me limité a decir: "Esto no hacemos los católicos, pero si te hace feliz, yo hoy enviudé". Y le firmé los papeles.

—¿No volviste a saber de él, tía?

—Se murió.

Aparentemente, se llevó también su patrimonio. La tía tenía una propiedad arriba en la sierra con manzanos, se perdió con la firma de los papeles. Ya que no tuvo hijos y se quedó sin marido, como las tías solteras de antes, ayudó con el cuidado, primero de los hijos de su hermana, mi abuela Olga —que eran mi mamá y sus hermanos—, después con los hijos de mi mamá y sus hermanos, es decir, mis hermanos, mis primos y yo.

De casada y durante su viudez espiritual, la tía Nena vivió en la Villa, como ella le decía a Santiago, Nuevo León. Allá íbamos a visitarla. En la casa de mis abuelos, en la Colonia del Valle, tenían una recámara para ella, donde se quedaba en sus vistas a Monterrey. Cuando mis papás salían de viaje, ella se mudaba a la casa. En las noches, después de cenar, nos contaba historias y chistes. Una noche nos estaba contando un cuento en el que ella iba manejando una moto (nunca la vi manejando un automóvil), "¿y si te caes, tía?", "me levanto". Sin hambre, tenía muy buen humor.

Mamá y mis tíos se hicieron cargo de su cuidado hasta que se nos adelantó. Parte de esa atención fueron sus dientes. Alrededor de 1980, la tía Nena llegó a Monterrey con muchos problemas con las encías y con una recomendación de sus amigas de la Villa. No era un dentista, era un mecánico dental que le podía arreglar toda la dentadura.

Mamá la lleva a una de sus consultas:

—¿Cómo está, doña Maty?

—Muy bien, don Humberto. Solamente el problema de la encía fregada, no me deja disfrutar la comida.

—Ahorita se lo resolvemos. ¿A Laredo no ha ido?

—Sí, acabo de ir con unas amigas en esos camioncitos que te llevan directo de la central de Monterrey al Mol (centro comercial). Pero cada vez está todo más caro. Ya nada más compro estambres para tejerles los zapatitos a mis sobrinos que salieron lumbres para desgastarlos.

—Pero sigue siendo más barato que aquí, no sé por qué. ¿Chocolates no compró?

Le fue contestando conforme se acomodaba con lentitud, como todo lo que hacía, en el sillón de consulta.

—Unos poquitos, pero esos no duran. Además, con el calorón que te pega saliendo de las tiendas, hay que cubrirlos muy bien. Antes íbamos a la pulga y a comer en algún restaurante cerca, pero ahora con el Mol, ya no salimos de ahí. Extraño las pulgas, ahí uno podía regatear y exigir su pilón[2] ¿Ya le conté el chiste del que se fue a Texas? Le dice un señor a otro: "¿A dónde fuiste?" "A tecsas". "A caracso, que lecsos".

—Ah, qué doña Maty... ¿y por qué no usa una chivera?

—Si pudiera... Mis sobrinos siempre me la ofrecen, pero no hay como escoger una misma las cosas.

Como ya le han puesto el tubo succionador de la saliva, con el característico ruido del dentista, tiene que callar un rato la tía, que aprovecha mamá para contarle a nuestro dentista:

—Dice que en Laredo se la pasa caminando, pero el otro día la llevé al centro y se me cansó mucho. Nos estacionamos en el Casino Monterrey para dejar el carro bien cuidado y nos fuimos caminando a la calle Morelos a comprarles zapatos a los niños, en la zapatería Zalán.

Soltando una carcajada, sigue platicando entrecortada por las risas que le provocaba recordar la escena:

—Mientras los niños se estaban probando los zapatos, ella estaba sentada a un lado mío y me dice enojada: "Vámonos, güera, la señora de enfrente me está arremedando: cruzo el pie derecho y ella cruza el izquierdo, cambio de pie y ella lo

---

[2] El pilón se utiliza cuando el comprador pide al vendedor algo adicional a lo comprado. Proviene de las pesas de péndulo llamadas romanas. En un extremo se ponía la mercancía que se compraba a granel (azúcar, frijol, maíz), en el otro le agregaban pesas hasta equilibrar la mercancía. A estas pesas se les llamaba pilón. Al llegar al pilón que daba el balance, el vendedor podía verter un poco más de mercancía que se iba gratis, "de pilón".

cambia". ¡Era un espejo! Ja, ja, ja. Bueno, caminado de regreso me pregunta: "Güera, ¿cuánto falta para llegar al automóvil?" "Pasando la plaza, como unas tres cuadras". "Virgen Santísima, que vuele yo tres cuadras".

Más risas.

A la Villa de Santiago invitó varias veces a sus sobrinos nietos. En una ocasión nos fuimos mi hermano Patricio y yo con ella. Yo tendría unos ocho años y él siete, esa tarde nos dejaron en la central de autobuses de Monterrey, a los tres. Tomamos un camión, con destino a Ciudad Victoria, con muchas paradas incluyendo Santiago. Cuando llegamos a la Villa, Patricio estaba dormido y la tía, que siempre viajaba como húngara, traía unos cuatro bultos. El chofer se acomidió a llevarse cargando a mi hermano, yo llevé un bulto y la tía tres, hasta la casita, mientras el resto de los pasajeros a Victoria esperaron pacientemente. Esa noche nos hizo un caldillo de cenar, con una carne seca que le mandó mamá. Le quedó riquísimo.

En el patio de la casita, a varias cuadras de la iglesia, tenía higueras, naranjos, peras y manzanos. El huerto, el quehacer, la costura y la plática con las vecinas eran su vida, además de la iglesia y la rezada.

—Un día vamos a la huerta de la sierra, al terreno que tengo en Las Alazanas. Ahí van a probar las mejores manzanas del mundo, bien jugosas, ni ácidas ni dulces.

Más grande la tía, fue difícil seguirla cuidando hasta la Villa, sus sobrinos la instalaron en las Residencias La Sagrada Familia, un asilo al cuidado de unas monjitas en la esquina de Hidalgo con 20 de Noviembre, en la colonia María Luisa, a un lado del Obispado. Todos los martes mamá pasaba por ella,

era el día de la semana que comía con nosotros. Ya que mis tíos, sus sobrinos, son vecinos de mis papás, aprovechaba para visitarlos a cada uno en sus casas. Pronto entendió los horarios de comida de cada familia: pasaba primero con la tía Maru, que siempre tenía galletitas de doña Goya, de ahí con la tía Carmen, donde comían a la una, y cerraba con nosotros que comíamos a las dos. Meses después sus sobrinos se dieron cuenta de que comía en cada casa, pero ya no le dijeron nada. Ella decía que en el asilo la trataban muy bien, pero le daban poco de comer: "Comer hasta reventar, lo demás es gula".

En una de las comidas en la casa, mamá se topó a Patricio sentado recargando la silla en las dos patas traseras: "Cuantas veces te he dicho que no hagas eso, vas a romper otra silla". La tía Maty se sorprende de lo enojada que se puso y le pregunta: "¿Cuántas sillas ha roto?", "Este niño ha roto dos sillas haciéndole así". "Ah, pos ya no es novedad, no te enojes".

Tantarán tantán.

PACIENTE HISTORIADOR
FERNANDO GARZA QUIRÓS I

Hasta los palos del monte
tienen su destinación,
unos nacen para santos
y otros para hacer carbón.
De su libro Caballo blanco.

Don Fernando Garza Quirós es historiador con muchos libros y cátedras en su haber. Les recomiendo su libro, publicado por la UANL: *Muebles y Utensilios de la Región Noreste* (1990) trae mucha información de nuestra forma de vida. Fernando es cliente frecuente de la Clínica Dental De la Garza, además, es parte del grupo de amigos de nuestro dentista, los Muchachochos. Fue maestro de varias instituciones, la última fue la Facultad de Artes Visuales de la UANL, hasta su jubilación en 1999. Vive en la colonia Mitras, entre Simón Bolívar y calzada Madero. "Cuando llegamos a vivir aquí mi mamá y yo, había tejones, tortugas, liebres, pero la humanidad es pigmea[3],

---

3 Pigmeo, latín: Población con una altura reducida. Al descubrirse tribus en África y Asia con pobladores de baja estatura, así se les identificó. Nuestro historiador se refiere a que

acaba con todo a su alrededor". Tuvo varias pretendientas, una muy seria, pero no se casó. Su soltería hizo que llevara una relación muy estrecha con su mamá y sus tías. Tiene un jardín botánico en su casa que es una frescura recorrerlo, parece una colección de cactáceas y flores, con dos naranjos que dan fruto y una muy sabrosa sombra.

—Quiubo, Fernando, ¿cómo van los libros?

—Muy bien, doctorcito, de los que leo he donado cantidad y ni una vez me han dado las gracias, los que yo escribí todos vendidos.

—Qué bárbaro, ¿qué te trae por acá?

—Traigo esta pendejada en una muela, que no me deja comer. Eso no es todo, traigo otra pendejada con la próstata, que me quieren operar.

—Vamos viendo la pendejada de la muela, la otra pendejada, ahí me platicas.

Mientras le reacciona la anestesia, teniéndolo cómodamente acostado en el sillón, le va preguntando nuestro dentista:

—Tú también eres de aquí, ¿Cómo dices que los nuevoleoneses somos más fregones?

—Claro, yo soy purisimeño de nacencia. Mis papás y mis abuelos se casaron en la Iglesia de la Purísima Concepción. Siempre he dicho: ¡Fuera de Nuevo León no hay salvación! ¿En cuántas ciudades de México hay una calle con el nombre de Bernardo Reyes?

Don Humberto, ignorando la respuesta, se queda callado.

---

estas tribus obtienen su alimento a partir de la caza y de la recolección, consumiendo todo ser vivo que tuvieran alrededor de sus viviendas.

—No lo sabes y lo deberías de saber. Como lo mataron queriendo restaurar al expresidente exiliado Porfirio Díaz, ya nadie se acuerda de él, únicamente nosotros. Lo mismo pasa con José Vasconcelos que se opuso al régimen "revolucionario", solo nosotros tenemos una avenida con su nombre. Ya no te digo de Santiago Vidaurri, quien corrió al indio tácuaro de aquí. Si hasta hablaba francés nuestro gober, y lo que tú gustes y mandes.

—¿Cuál indio tácuaro?, te arrancas en primera hijo de la chi...

—A Benito Juárez. Después que nos tenía olvidados, cuando venía huyendo del centro de la república, vino a pedir ayuda a Monterrey. Pero nuestro gober le recordó la falta de apoyos por parte del gobierno centralista durante la guerra contra los indios y lo corrió. Veía en el imperio que se estaba instaurando una manera más republicana. Pior no le podía ir.

—¿No estarás influenciado por la Iglesia en contra de Juárez?

—Tal vez, pero ¿por qué no se fue para su Oaxaca cuando lo perseguían los franceses en vez de correr hacia el norte? ¿Por qué no tenemos ni una estatua de nuestro gober Vidaurri, que formó al mejor ejército mexicano, y sentó las bases de una región próspera?

—Sepa la madre. Hay quien dice que por traidor a la república. ¿No anduvo buscando independizar el norte?

—Esas fueron calumnias de Juárez para quitárselo de encima. Hay pruebas en donde él rechaza unirse al grupo separatista.

—Sería interesante documentar y difundir bien eso. Vamos dándole a la pendejada, digo a la muelita esta.

Concluido el proceso dental.

—Listo, mi amigo, era nada más una caries. ¿Cómo están en tu casa?

—Ay, Humberto, si sabes que fui hijo único, de madre hija única. Tengo quien me haga el aseo, de comer y que cuide la casa cuando voy a la Facultad de Artes Visuales, en donde doy clases desde hace más de 10 años. No le tengo confianza, ya me ha robado algunos libros, y lo que tú gustes y mandes, pero qué le voy a hacer, si lo corro y traigo otro, me va a salir igual o peor. No me voy a quedar a cuidar los cuatro cachivaches que tengo. ¿Quién es el dueño?

—Pos tú. ¿Cómo dices lo de como Nuevo León no hay dos?

—Fuera de Nuevo León no hay salvación, bueno y Texas, que está en el pasado y futuro de Nuevo León. Yo estudié una temporada en Austin. ¿Sabías tú que hay un hotel en el centro, de mucho lujo, el equivalente a nuestro hotel Ancira, el hotel Driskill? Ahí tienen los espejos de Maximiliano. Tienen un cuarto con el nombre de Maximilian Room. Nosotros ni pensarlo. Acá, en los libros de historia, ni existió ese emperador. En Texas estudiaron Chesterton y Borges, ellos no vinieron a México a estudiar.

—Entonces, ¿nosotros somos mejores que el resto del país?

—Por supuesto, y tú deberías saberlo. Hay muchas diferencias.

—A ver dime una diferencia.

—Acá podemos ser todo lo que tú gustes y mandes, pero una cosa sí somos: constantes. Los capitalinos dirán que somos tercos, pero los norteños, después de haber tomado alguna decisión y que alguien nos quiere convencer de retractarnos, le decimos: "Ya dije". No perdemos el tiempo con arrepentimientos.

La parquedad nos hace determinados y eso nos ha traído a lo que ahora somos.

—Siempre termino aprendiendo contigo. Cuídate de la otra pendejada. No faltes a la comida de este mes, el primer miércoles.

—Ahí estaré. Me estoy saboreando la riñonada de cabrito.

Tantarán tantán.

PACIENTE JOSÉ SALÁN MANZUR I

Siempre he tratado bien a la gente
... y la gente me trata bien a mí.

Una mañana en el consultorio del dentista Humberto de la Garza:

—¿Qué pasó, amigo José Salán? ¿Cómo estás? Estás enterito.

—Muy bien. Tú también te ves muy bien, estimado dentista. Vengo para mi limpieza anual.

—Ya ni la amuelas, si todos los pacientes fueran como tú, hubiera quebrado el consultorio hace un siglo. La última vez que viniste me pagaste con bilimbiques. Una visita al año y nomás para limpieza. ¿Pos que les daban allá en Arabia?

José Salán Manzur es hijo de inmigrantes iraquíes provenientes de Tall Kayf, un pueblito católico rodeado de musulmanes al norte de Bagdad, la capital de Irak. En su idioma Tall Kayf significa monte de piedras. Sus pobladores se mantenían principalmente de la cebada y el trigo, más el pastoreo de cabras y ovejas. En 1950, antes de que se recrudecieran las persecuciones por su religión, tenía diez mil habitantes, ahora son mucho menos. Ellos hablan caldeo, el lenguaje de Jesús. De ahí eran sus papás, abuelos y suegros. Casi todos en el pueblo eran católicos y parientes.

Tomás Salán, su padre, nació en 1897. A los 23 años se casó con una paisana de 13 años, Janea (Juanita), arreglado por sus padres, con el entendido de que respetaría a su esposa hasta que fuera señorita. Él, junto con su amigo y paisano Pedro Denja, quien se había casado con su cuñada Yamila (Emilia), en las mismas condiciones, partieron a Veracruz, sin sus jóvenes esposas, a buscar fortuna[4]. El viaje en barco fue largo e incómodo, por decir lo menos. La ilusión de todos los jóvenes caldeos era establecerse en Estados Unidos, estos dos amigos lo intentaron primero vía México.

Pasando muchas vicisitudes, llegaron a puerto. Entre la gente, escucharon a un señor gritando en árabe. Los dos amigos hablaban caldeo y árabe, pero no español. Con los gritos, esta persona logró juntar a todos los árabes que venían en el barco. Según el pueblo de origen, los mandaban a donde ya hubiera paisanos suyos. A ellos los mandó a Tapachula, Chiapas. Hasta la frontera con Guatemala fueron a dar, donde lograron, a pesar de todas sus carencias, establecerse.

Varios años después, en 1927, el abuelo materno de José, desde el lejano Tall Kayf, mandó con un tío a sus dos hijas a México para que se instalaran con sus maridos y formalizaran

---

4 México no es un país de migrantes, si ha querido, sobre todo después de cada una de las guerras que se consideró subpoblado y necesitado de mano de obra para sus minas y haciendas, como las del henequén en Campeche y Yucatán. De 1910 a 1932 a México entraron 226,000 migrantes, cuando en Cuba entraron 857,000 en ese mismo tiempo. El primer trabajo, en general, donde se empleó la primera generación de migrantes árabes fue de vendedor ambulante, introduciendo la estrategia de la venta a plazos.

el matrimonio. Janea ya tenía 20 años. En Tapachula comenzó la vida matrimonial de la joven pareja. Ese mismo año ya había llegado otro amigo de su tierra natal, José Manllo Denja, conocido como Sabaya, quien les bautizó a su primogénita, Victoria.

Los tres amigos: Tomás, Pedro y José (Sabaya), encontraron su sustento en la venta de ropa y calzado ambulante, teniendo que moverse de Tapachula. Con gran sacrificio iban de pueblo en pueblo a montar su tendajo, principalmente durante las ferias de las fiestas patronales. Anduvieron del tingo al tango: Charcas, Matehuala y Río Verde, en el estado de San Luis Potosí; Rio Grande y Fresnillo, en Zacatecas; y Doctor Arroyo en Nuevo León.

De su hija Victoria le siguieron Lupe y Esperanza, y en Fresnillo nació José, el primer barón bautizado en honor a su abuelo materno Jusef, quien, pese a la gran distancia, seguía influyendo en las decisiones familiares.

Pasaron años de mucho esfuerzo trabajando juntos los tres amigos y paisanos. Sabaya se quedó en Dr. Arroyo enamorado de una parroquiana: Altagracia Rodríguez Torres; se casó y después se estableció en Monterrey, con mucho éxito. Pedro se quedó en Fresnillo con la familia que estaba formando con la hermana de Janea, estableciéndose después en Ciudad Juárez. Más adelante, haciéndose pasar por judío, cruzó al Paso Texas, de ahí atravesó toda la unión americana con el fin de acomodarse, con su familia, en Detroit, Michigan, donde está la mayor comunidad de caldeos de América.

Tomás, con algo de dinero ahorrado y con dos hijos más, Jesús y Fina, se estableció en la capital de Zacatecas, donde nacieron sus dos últimos hijos: Mercedes y Gaci, ocho en total.

Un paisano lo convenció de entrarle de socio a una mina de plata, actividad de moda en esa época y en esa zona. Le dieron duro a la cueva pero, como a muchos, se les acabó el dinero antes de encontrar la beta del preciado metal. Sin dinero, la familia se refugió en Aguascalientes donde había otras familias caldeas comerciantes quienes les ayudaron a poner un puesto de calzado en el Parían, centro comercial ambulante en la plaza principal, donde empezó otra vez de cero.

En 1944 los Estados Unidos estaba reclutando mexicanos para trabajar en el campo con la promesa de darles la ciudadanía americana, junto con sus familias, después de dos años de trabajo. La mayoría de sus hombres estaban peleando en la Segunda Guerra Mundial. Tomás cambió sus apellidos y así cruzó la frontera como mexicano llamándose Tomás Hernández Salas. ¡Las peripecias que tuvo que hacer!

Dejando a su familia en Aguascalientes, fue contratado como bracero en los Estados Unidos. A los seis meses, ya se encontraba trabajando dándole mantenimiento al ferrocarril de Nueva Jersey, donde sucedió un fatal accidente con un cambio de vías y murió junto con varios de sus compañeros mexicanos. El luto invadió a la compañía ferroviaria, a los migrantes mexicanos y a la familia Salán, a la distancia.

Jane, de 34 años, con ocho hijos —la mayor de quince y el menor de dos años—, sin hablar español y atendiendo el puesto de zapatos en Aguascalientes, recibió la noticia de su viudez por una carta del jefe de grupo del ferrocarril, junto con una semblanza de lo buen trabajador que había sido su esposo, sus pertenencias, y un cheque como indemnización.

La familia, huérfana de padre, y sin haberse aún repuesto del duelo, se mudó a la capital del país. En la Ciudad de México se instalaron en un edificio donde el primer piso eran bodegas de verduras y los otros cuatro, de departamentos. La gran ciudad estaba en pleno crecimiento, pero con pocas oportunidades para un huérfano inmigrante y sin estudios. Janea se hizo muy dura con sus hijos. El que no trabajaba solo tenía derecho a dormir, el que trabajaba, aportaba la mitad de su sueldo, recibiendo a cambio comida y lavado de ropa. "Te dejo dormir en la casa porque me da pena que duermas en la calle", les decía en caldeo. Las tres hermanas mayores trabajaron en diferentes tiendas. José, de once años, llegaba a las nueve de la mañana a la primaria donde cursaba el sexto año, más temprano iba a trabajar en la estación de autobuses de los Altos, ubicada en la avenida Madero, a una cuadra de donde vivían, dando servicio a los pasajeros de etiquetar sus maletas a cambio de propinas. Juntaba unos tres pesos cada mañana. Todos los días le "chillaba" $1.50 a su mamá para ayudar con el gasto. Después trabajó con los hermanos Pruneda en una compañía de rockolas, encargado de ir a recolectar las monedas de las maquinitas que estaban instaladas en diferentes locales, ganando $5.00 diarios.

Terminado el trabajo de limpieza bucal del paciente don José:

—Qué buena dentadura tienes tú, ingrato, contigo no hay negocio. ¿Sigues con la zapatería de la calle Morelos? Muy original el nombrecito.

—Ah, qué mi dentista, siempre tan burlón. Zapatería Zalán, con Z, en ese entonces no se usaba eso de la mercadotecnia. No, ahora la atiende mi hijo Víctor. Es buen negocio, pero celosísimo, tienes que estar muy pegado. Para que te des dos quemones: al principio, las tiendas abrían a las 9:00, yo llegaba antes de las 8:00 para captar a los clientes madrugadores, después de dejar a los niños en la escuela; los domingos en la mañana salía con mis hijos al cine Encanto.

—Cómo no, yo también llevaba a mis hijos ahí, está a cinco cuadras de la alameda, muy cerca de aquí. En Julián Villarreal e Isaac Garza.

—Tenían matiné donde no dejaban entrar a adultos, muy seguro. Al de la entrada ya lo tenía arreglado para que me dejara pasar a acomodar a los niños en las butacas. Mientras mis hijos veían películas yo me iba a la tienda. Fui el primero en abrir los domingos, con muy buenas ventas aprovechando el día libre de los clientes.

—Sin duda, no hay crisis que aguante 60 horas de trabajo a la semana. A ver cuándo voy a surtirme, ya los zapatos que tengo para las bodas me dicen mis cuñados que bailan solos y tienen hambre[5].

—Cuando quieras, si vas al mediodía seguro te encuentras a Víctor para que te haga un descuento.

—Nada de eso. Como dice uno de mis clientes, el historiador norestense: "los favores no pedidos salen caros". Mejor te cobro el total de tus consultas y tu hijo me cobra el total de los zapatos. Ni te debo ni me debes.

—Bien pues, así será.

---

5 A los zapatos gastados que se les abría la punta se les decía burlonamente que tenían hambre porque parecía que tenían la boca abierta.

—¿Te parece que nos veamos la semana entrante en el Sanborn's y de ahí me acompañas a comprar los zapatos?

—Ya vas. Son mis dominios. ¿Sabes que tiene más de 70 años? La mayoría de los locatarios coincidimos ahí. Es muy buen café y mejor servicio, pero déjame checar la agenda. Espérame a que sea después de desayunar, antes estoy dormido.

—¡Ah, qué méndigo! yYo sí trabajo, ponla a las cinco de la tarde. Primero el café, después los cacles.

—Ahí estaré puntual.

Tantarán tantán.

PACIENTE ROBERTO ALEXANDER ERHARD I

—Roberto, buenos días, qué gusto saludarte, tú siempre tan puntual. Bueno, a ti no te ha de dar tanto gusto verme, así nos pasa a los dentistas.

—Buenos días, aquí me tienes para que me ayudes con el puente mugroso.

—Ni que fuera yo ingeniero. Me vas a tener que esperar tantito, porque mi asistente salió al banco. —Don Humberto señala una silla en la sala de espera—. Tú eres de Laredo, ¿no?, ¿no te quieres llevar a mi esposa e hijas a que se surtan?

Para las familias regiomontanas, Laredo Texas se convirtió en el punto de compras para ropa, enseres domésticos y algo más. Les quedaba a tres horas por la carretera. Se sientan los dos en la sala de espera y don Roberto se empieza a soltar, cosa que normalmente no hace. ¿Será la heredada confianza hacia el peluquero y el dentista?

—Nací en Laredo, Texas. A los 19 años me enlisté en la Marina donde estuve hasta los 23, yo estaba aún muy inmaduro. Me tocó la Segunda Guerra Mundial.

—Alamadre, no te pares, no te pares.

—Con mi buena puntería, heredada, para cuando acordé me pusieron encargado de una ametralladora en un barco. Tengo todavía guardada una ristra de balas. Me pasé tanto tiempo en el barco que ya no sabía ni qué mes era, ni dónde andaba, pero hacía un friazo... En un ataque que nos hunden el barco y al agua fuimos a dar. Nos rescataron a tiempo, a punto de morir de hipotermia. Cuando regresé a Laredo, ya había muerto mi padre, mi madre se regresó a México con mi hermano menor. Así que, como pude, crucé la frontera de mojado a la inversa. Y así terminé aquí en Monterrey.

—¿¡A'dió!? Gringo y alemán y ahora mexicano. ¿Cómo fue tu infancia, en el otro lado?

—Yo era muy tímido, hablaba muy poco, fui el hermano mayor.

—¿Y cómo le hiciste para sobresalir y en otro país?

—Tuve que decidirme a hacer algo y como decimos los de acá: "Ya dije". ¿Te platico de mi padre, de mi abuelo, de mi bisabuelo y qué huevos tenían, si me permites la expresión? Me pongo chinito al contarlo. Y yo fui un niño tímido, pero había que salir adelante, la necesidad me hizo vendedor, tuve que vencer mi timidez, de grande hablé lo que no hablé de niño, y a darle.

—Pos platícame, si ya me tienes con los ojos pelones.

—Bueno, aprovechando que vengo solo, porque mi mujer no me deja hablar —ríe de su broma—. Pero ahora te aguantas, una vez que me encarrero hablando de nuestra historia, no me paran. Voy dejando la timidez con la certeza y el gusto por el tema.

—Échale, pela'o.

—Cuando yo estaba chiquito, la abuela María Andrea Johnson de Alexander, ya viuda, me platicaba historias en los días de calor veraniego. Mi segundo hermano es ocho años menor que yo, así que tuve una niñez solitaria. En las tardes me dejaban con la abuela quien, ya pardeando, sacaba su mecedora a la banqueta de nuestra casa de 304 Main Ave esquina con la calle Grant, a media cuadra del riachuelo que te lleva al río Grande. Lo que más viene a mi memoria, de hecho, es cuando me describía cómo la caballada en su rancho protegía a sus potrillos de los depredadores. Cuando eran atacados por el león de montaña o los coyotes, por ejemplo, los caballos y las yeguas adultas formaban un círculo entre ellos, con los potrillos en el centro y así estarían listos para patear a los intrusos si los atacaban. Todo un ejemplo de supervivencia y lealtad.

Hasta la cara le va cambiando con forme va platicando. Don Roberto se sigue de frente.

—Mi abuela murió en el 37, nunca se dejó retratar. Se levantaba a las 6:00 de la mañana y barría toda la casa mientras chiflaba. Fumaba mucho, a mí no me gustaba el olor a cigarro, pero no se lo decía, yo era tímido y ella era la abuela. Sus historias estaban llenas de indios apaches, comanches, mescaleros, kikapoos, lipanes y otras tribus nómadas que vivían en el monte cerca de Palafox, Texas. Estas tribus mantenían a toda la población siempre en alerta. Cuando mencionaba los ataques indios, no me di cuenta, hasta muchos años después, que se refería a mi bisabuelo William Franklin y a mi abuelo John Bautista Alexander, su esposo, quienes vivieron en San José de Palafox, una pequeña villa treinta millas al noroeste de Laredo, que en ese tiempo se llamaba Villa de San Agustín de Laredo.

—Qué buena memoria, pela'o. ¿Tu bisabuelo vivía en Texas cuando nos lo quitaron los güeros?

—No se los quitaron los gringos, primero se independizó Texas. Mi bisabuelo, William Alexander, era gringo de ascendencia escocesa de los que lucharon contra los ingleses por la independencia. Llegó a Laredo poco después que Texas se había separado de México y antes de que se anexara con Estados Unidos y empezara la arrebatinga entre los dos países.

—La arrebatinga fue de un sólo lado. Nunca había oído de Palafox, Texas.

—Está por el camino de las minas (Mines Rd) que va sorteando el río Bravo. Esa zona tenía minas de carbón, que después se abandonaron con la llegada del gas, pero déjame continuar. De hecho, antes de la llegada de mi bisabuelo había sido asaltada en 1818 y 1827 por indios hostiles que mataron a todos los pobladores de Palafox, exterminándolo todo, quemándolo todo. El pueblo quedó abandonado y fue parte de las tierras indias hasta 1862. Seguía siendo peligroso para los rancheros, pero varias familias de valientes se animaron a repoblar. Ocurrieron muchos otros ataques menores que orillaron a la gente a refugiarse temporalmente en la ciudad más grande y segura en la zona: Laredo. Como precaución para poder recibir apoyo o salir huyendo, la distancia entre rancherías debía ser, como máximo, de un día de camino a caballo, entre quince y treinta millas. Pese a que era la población más segura, en una ocasión los indios asaltaron la tienda de Laredo, enfrente de la plaza de San Agustín, haciendo una alharaca bruta. La dejaron prácticamente vacía y se retiraron al monte.

La sala de espera del consultorio se convierte en una clase de historia regional. Uno feliz de que lo estén escuchando y permitiéndole demostrar sus conocimientos y el otro absorto imaginándose las escenas.

—La abuela Andrea —continúa— comentaba que los indios eran muy diestros para la guerra, podían disparar una flecha por los aires directo a la cabeza del enemigo y, montados en sus caballos, podían dar en el blanco cabalgando. Los más temidos eran los apaches y comanches por la crueldad demostrada en contra de los prisioneros. Una de sus formas era desnudar a la víctima, amarrarles las manos y los pies a cuatro estacas de madera enterradas en el piso, y dejarlas para que murieran de sed e insolación. Sí había un hormiguero cerca, los ataban ahí.

Los lipanes también ejecutaban muchos ataques alrededor de Laredo. Estos, cabalgando por las rancherías o las villas, se llevaban todas las ovejas, cabras y caballos, y lo que no podían llevarse lo mataban, además de quemar las cosechas y las casas. Solamente las casas de adobe con vigas de árbol de mezquite que cubrían con 25 centímetros de tierra y ramas, no se quemaban, pero había muy pocas de esas. Dejaban una destrucción total, pura tierra quemada. De hecho, algunos pobladores se salvaban huyendo a Laredo o a la ranchería más cercana. Lo único que rescataban era la ropa que llevaban y los caballos que montaban. A veces, las huidas se repetían al siguiente día, sobre todo si el ejército no estaba patrullando frecuentemente la zona o si la ranchería no estaba cerca de una villa grande, donde normalmente no atacaban al estar en desventaja numérica. A los sobrevivientes les tomaba hasta un año regresar a sus tierras por miedo. Durante varios años los indios mataron más de ocho mil personas alrededor de Laredo, recalcaba la abuela y terminaba diciendo: "Los blancos se guardaban la última bala por si no alcanzaban a huir y se veían rodeados, era mejor pegarse un tiro que pasar por las torturas de esos salvajes.

—¡Ah, qué bruto! Y nos quejamos ahora... Por no saber por lo que hemos pasado como pueblo. Ahí tienes la memoria de Viduarri, uno de los artífices de la pacificación de la zona, a quien, por obedecer a los historiadores chilangos, lo etiquetamos como traidor.

—Sin duda hubo un antes y un después de Vidaurri para el noreste. Antes de él, los rancheros y sus vaqueros que vivían con sus familias, frecuentemente eran atacados y asesinados. En los ataques, la mayoría de las veces lo perdían todo, quedándoles solamente la tierra para comenzar de nuevo. Volvían a empezar, no una, varias veces. Nuestros ancestros fueron tenaces y de carácter. Se enfrentaban constantemente a sequías, heladas, inundaciones, ataques de indios, fallecimientos, cambios en las políticas de posesión de la tierra y a la guerra republicana contra México. Qué aventura para los aventureros.

—Impresionante, casi nadie sabe esto, no nos lo enseñan en la escuela. Dicen los que saben que todos los pueblos del noreste sufrieron igual.

—Yo tengo toda la información. Estoy planeando ir a Laredo y juntarme con la asociación de ganaderos, ¿me entiendes? Esto que hicieron mi bisabuelo, mi abuelo y mi papá fue muy importante. El trabajo del ranchero es muy pesado y más en esta zona, porque todo el noreste es muy parecido, son tierras semiáridas, podías criar muy pocas vacas en una hectárea. Aparte, ¡los peligros por los que pasaron! Vale la pena que la gente lo sepa, crear un día del año para celebrar a los que se la partieron. Gracias a su labor y tenacidad hoy existen esos pueblos.

—Oye, ya tiene rato que llegó mi asistente, pero estábamos bien metidos en la plática. Vamos dándole a tu puentecito y en la otra cita me sigues contando, al fin que faltan dos más.

Tantarán tantán.

¿CÓMO ERA?

Son las penas que tú tienes
las mismas que tuve yo.

Me platica nuestro dentista don Humberto de la Garza, en una de nuestras sabrosas charlas:

—Para que te des una idea, te cuento lo que uno de mis pacientes me comentó: "Por hacerle caso a mi esposa, esta sociedad nos trae del tingo al tango".

Me explicó que su familia es de El Cercado (comunidad frente a la presa de La Boca, perteneciente al municipio de Santiago, Nuevo León). Tenía una casita cerca de la plaza, antes de la subida a la Cola de Caballo, con un patio trasero lleno de naranjos. Venía a Monterrey a trabajar al Mercado Estrella y se regresaba en la tarde dejando el estrés atrás, pero su señora le salió con que ella y los hijos estaban muy lejos de la civilización, que todos viven por el Obispado. Mi paciente le decía: ¡pero si aquí tienen todo! ¿Crees que lo escuchó? Y ahí fue a comprar un terreno en la Colonia María Luisa en Monterrey y construyó toda una residencia. Tenían cuatro años viviendo ahí cuando los vecinos se empezaron a cambiar hacia la nueva Colonia del Valle, un fraccionamiento que se estaba formando en las faldas de la sierra Madre, cruzando el río, con terrenos amplios, planos, entre arboledas. Para cuando acordaron vivían lejos de todos y tenían de vecinos a puras oficinas. Me dijo: "Ahí voy y compro un terreno en la del Valle, en la calle del canalón, Marne (actual Av. Humberto Lobo, y me pongo a construir. Cinco años viviendo ahí y me sale la señora que los vecinos se están cambiando a Carretera Nacional. ¡Pos si de ahí venimos!".

—No pos pobre pelao. Y cada que compraba le salía más caro.

—Hijo de la chin... —nos reímos un buen rato—. Otro paciente, don Cecilio, quien siempre anda con sus dichos y te saca el origen de ellos, me decía cuando le quería hacer un descuento por el servicio en sus dientes: "Nada de eso, Doc. los favores salen caros, me lo decía mi tío Luis, que nunca salió del rancho". Luego me explicó algo así. A ver si me acuerdo bien de sus palabras: "Ahí tiene que el dueño del rancho tenía vacas pero los ordeñadores no teníamos botas. El dueño compró un solo par de botas que me quedaron a mí. Me puse muy alegre, me armé con mis botas y se las presumía a mis compañeros. Luego se vino un aguacero de varios días y el dueño del rancho empezó: tú, que traes botas, tráite esas tinas, tú, que traes botas, hecha las vacas fuera, y así, tú, que traes botas... hasta que le dije: si lo hace por sus méndigas botas, aquí se las dejo".

—Ese don Cecilio tiene toda la razón. Los favores te los cobran, yo siempre digo: más vale no deber. Si te compro te pago al cien y si te vendo te cobro al cien. Platíqueme de su grupo de amigos, con los que se junta una vez al mes.

—Los Muchachochos, ¿te conté de ese grupo? Son con los que me junto el primer miércoles de cada mes a comer. Yo llevo la lista, separando los vivos de los muertitos. Cada juntada somos menos vivos y más fregados. Comemos cabrito en el restaurante Los Cabritos, en la esquina de la Alameda en Villagrán y Arambarri. Yo me voy caminando del consultorio. En una de esas, como Miguel Barragán siempre llevaba el tequila, se me pasaron las copas y me regresé tambaleando al consultorio.

Los Cabritos, excelente restorán, una vez comiendo con él, mi hermano Patricio y uno de sus hijos, nuestro dentista se acabó su riñonada, que dejó en los puros huesos, y se quejó de que le apretaba la faja. Para sentirse más seguro, cuando va a estar mucho tiempo de pie, usa una faja de almacenista en la cintura. "Le ayudamos a aflojársela". Le ofrecimos. "Está bien, me ayuda mucho, la deberían de usar, hasta si nos agarramos a chingazos, sueltas mejor los golpes".

Regresando a mi plática con él:

—Qué rica riñonada la de ahí. ¿Se sigue juntando con ellos?

—Andan enojados conmigo. Llegué a la última reunión diciendo: "¡Aquí hay muchos vivos que no se han muerto!". Es un grupo que tenemos añales juntándonos, ni me acuerdo cómo empezamos. Cada vez somos menos, este año se nos han muerto cuatro. —Se queda pensativo y prosigue—: Yo les digo: ¡páaaaaasenle! Que no tengo prisa en llegar. Dicen que hay vida después de la muerte, ¿tú crees?

—Pos debe haber, si no para qué tanto alboroto con las religiones, la espiritualidad.

—Pos ahí me avisas cuando llegues, ja ja ja.

Como en cada plática con él, no me salvo de que me panalée. Me sigue platicando:

—No te he platicado de uno de mis pacientes favoritos, el Inge, vecino de la Chepevera, era muy filósofo. Me traía siempre con su teoría de las cinco T. Esa está buena para que la apliques como norma norestense.

—¿Qué es eso de las cinco T?"

—Son las cosas por hacer si quieres que te vaya bien en la vida: despiértaTE, despabílaTE, anímaTE, preparaTE y aviéntaTE. ¿Cómo ves?

—Tiene sentido. Suena como una descripción del norestense. Sobre todo lo despabilado y lo aventado.

—Un peladazo, ¿cómo se llamaba? Ah, qué memoria la mía... Le decíamos Elinge. Era un ingeniero del Tec, tenía muy buen puesto en Vitro. Se cambió a una casa que construyó en San Pedro y ya no me lo he topado.

—¿No se enojará si me robo su filosofía?

—No sé. Pero tú primero ponla en práctica y luego te la carranceas.

—¿Carranceo?, ¿de los que andaban con Carranza?

—Esos meros. Mamá y sus amigas así se referían a la bola de rateros que andaban con Carranza como Antonio I. Villarreal y su gente.

—Así han de haber sido, lo bueno es que duraron poco. Lo suficiente como para tumbar el primer convento de Monterrey. Ahora que lo de la filosofía, tienes razón, para presumirlo primero hay que vivirlo.

—Así mero. También decía: La vida es un tesoro, ayudar a alguien a desarrollarse es desarrollar dos tesoros, el tuyo y el de él. Su vida no tenía desperdicios.

—¡Pérese! no tan rápido, son muchas ideas en pocas frases.

—Esa es bronca tuya.

—Me gustaría conocer a ese Inge, acuérdese del nombre o deme más datos. ¿Cómo lo localizo?

—No sé por qué se me quedó muy grabada una anécdota de cuando estaba estudiando que me platicó: le ofrecieron entrar de socio a un tallercito donde fabricaban ventanas. Le pidió un consejo a su hermano mayor y este le aconsejó no entrarle porque se iba a acostumbrar a chiquitear.

—Su hermano no lo quería ver trabajando en un tallercito. De ahí no iba a salir.

—Después fue con su papá y le dijo: "Junior me dice que no le entre para que no me acostumbre a chiquitear. Yo digo que no te preocupes, si empiezo a "chiquitear", en el peor de los casos si me quedo "chiquiteando" voy a "chiquitear" tan fregón que dejaré de ser "chiquitero".

—Ja, ja, ja, ¿Qué le contestaría su papá?

—Lo ha de haber mandado a la chingada.

—Acuérdese del nombre.

—Se me hace que esa también va a ser tu bronca, ya estoy chocheando y eso que todavía no empiezan mis cinco años de viudez.

—Es mi bronca, pero usted ayúdeme. Se la pasa quejándose de su memoria y hay anécdotas de las que se acuerda como si hubieran sido ayer. ¿Cómo es eso?

—Eso explícamelo tú, no que muy historiador hijo de la chin... A mí ya nomás me faltan tres cosas: salud, amor y dinero, del resto estoy muy bien.

Me gana la risa.

—Don Humberto, me han estado platicando del origen de los caminos.

—Otra vez de usted, me estás haciendo más viejo de lo que ya soy.

—Perdón, perdón. Ahí tienes que primero los pueblos se comunicaban por veredas por donde caminaban los indios. Llegando los jumentos, con los españoles, se hicieron los caminos de herradura, por donde pasaban las mulas y los burros. Al implementar el uso de carretas, se ampliaron y limpiaron los caminos. Como pasaban las carretas por ahí, se les llamó carreteras.

—Hijo de la chin... Cómo conoces historias tú.

—Cuando la carga era muy pesada se usaban los bueyes. Las carretas eran manejadas por los arrieros, que para hacer caminar al jumento, les gritaban: arre, arre, y se les quedó lo de arrieros.

—Arrieros somos y en el camino andamos.

La casa de la familia De la Garza, en la colonia Chepevera, en las faldas al norte del Obispado de Monterrey, estaba a mediación de la calle Ángel Martínez Villarreal. Todos los vecinos se conocían, convivían a diario, los niños se la pasaban jugando en la calle, y de cuando en vez, participaban a chaleco en las ocurrencias del tío Humberto, nuestro dentista, como cuando les organizó una carrera de triciclos.

Llegaba del consultorio en su camioneta y recogía a todos los niños que andaban en bicicleta, propios y ajenos.

—Acompáñenme a recorrer gasolineras, súbanse.

Durante un tiempo estuvo juntando latas de aceite automotriz, de las antiguas de lámina que el gasolinero abría con un abre latas. Estas las usó para ponerle piso al segundo piso de su casa. Las latas cerradas las puso juntas arriba de la placa, después, con la ayuda de chalanes (ayudantes de albañil) puso un empaste y sobre de él, el piso cerámico. Alguien se lo recomendó como buen aislante y lo investigó. Ahora se arrepiente:

—Una de mis más grandes pendejadas, mucho lío eso de las latas, pero nomás el que no intenta no hace pendejadas, y lo dijo Einstein, un fregón.

Antes iban a pescar a las orillas, hasta que se pudo comprar una lancha usada, su adoración. Los fines de semana se llevaba a todos los niños del vecindario que cupieran, cuando menos, a la presa de la boca. En una ocasión se les hundió el Zafari (carrito tipo jeep de la Volkswagen) tratando de sacar la lancha. Los niños saltaron por las ventanas aterrados. Don Humberto no perdió la calma. Una vez solucionada la situación aprovechó para aventar al agua a los niños que no sabían nadar para que fueran aprendiendo. Al igual que todos los que frecuentamos el monte, tiene varias cicatrices de la pesca, como cuando estando en unas escolleras quiso mover un bagre que estaba flotando en la orilla y, al acercarle el pie para pisarlo con fuerza, este levantó la espina que tienen atrás de la cabeza, que es como un anzuelo, y le atravesó la planta del pie, fue muy dolorosa de sacar; o cuando uno de sus sobrinos pescó una mantarraya, el tío estaba sacándole el anzuelo cuando el animal reaccionó con la cola y se la ensartó en la mano. Don Humberto dice que la cola de la mantarraya dolió más que la punta del bagre.

Como parte del riesgo de andar en la calle, su hijo Humberto se quebró el pie. Ya tenía rato con el pie enyesado y una tarde el papá decidió que la pierna ya estaba curada. Sacó de entre el montón de herramientas que tenía en su cochera un serrucho y le fue cortando el yeso, ante la mirada atónita de los vecinos y de su propio hijo que le suplicaba: "No te vayas a pasar papá".

A las tres y media, por la calle de la casa, pasaba el paletero de la Dumbo, los niños iban agarrando paletas fiadas, mientras se asomaba algún tío dispuesto a saldar la deuda de todos los chiquillos. La mayoría de las casas tenían mascotas: perros, gatos, pájaros, pescados, que eran parte de la convivencia. Sin faltar el futbolito callejero, solo ocupaban un balón y cuatro piedras. Así creció la familia de don Humberto, igual a la de tantos regiomontanos.

Tantarán tantán.

PACIENTE CECILIO DE LEÓN II

Se deschavetó
… se le cayó el cuaco.

Una tarde se presenta don Cecilio de León en el consultorio, como siempre, puntual a su cita con su amigo dentista:

—Doctor, la mejor de las tardes.

—Cecilio, ¿cómo estás?, tú siempre tan puntual.

—Aquí en Monterrey aprendí que el tiempo es oro y la impuntualidad desperdicia el oro de dos.

—No pueden faltar tus dichos directos al grano, la puntualidad es respeto a ti y a los demás. Yo hasta cuando me vengo al consultorio en bicicleta llego puntual.

—¿Se viene al consultorio en bicicleta? ¿Cómo le hace?

—Pos nomás me subo en la casa y me bajo acá. Aunque ya lo hago menos. Una, porque me regañan mis hijos y mi señora, y la otra por culpa de los camiones, cada vez me traen más ganas. Me vengo en contra para irlos tanteando viéndolos de frente, pero se me avientan.

—Pos muchas felicidades por ese ánimo, seguro es una de las razones por las que se mantiene usted en caballo de hacienda, joven.

—Qué joven ni que ocho cuartos, si ya te digo que me quiero jubilar, pero no me dejan en la casa. Y a todo esto, ¿qué te trae por acá?

—Nada de jubilarnos, todavía tenemos mucho camino por recorrer, falta hacer tarea para el de arriba. Vengo a que me atienda, con la novedad de que se me quebró un diente.

—A ver, siéntate.

Don Cecilio se acomoda a su paso en el sillón del dentista, don Humberto enciende y acerca la lámpara, se ajusta los lentes de su visera y le pide:

—Abriendo grande, grande. Estuvo bueno el trancazo.

Sacando, con dificultad por la posición en el sillón, una servilleta de la bolsa del pantalón:

—Aquí le traigo el pedazo de diente.

Después de examinarlo bien:

—Ah, bruto, esto no es el diente, este es un pedazo de confitón.

—Ayer quitamos el Nacimiento y comimos colaciones. ¿Me comí el diente en lugar de la colación?

Don Humberto ríe a carcajadas.

—Y ahora, ¿te pego en lugar del diente la colación? No necesitas un dentista, necesitas un oculista. —Vuelve a reír—. Voy a prepararte una pasta cerámica. Esto va a tardar un poco.

Una vez realizado el trabajo:

—Listo. Comida sólida hasta mañana; de tomar, lo que quieras. Ya invítate algo, ingrato.

—Acuérdese que todos los excesos... salen sobrando.

—Sigues con tus dichos. Antes de irte, platícame de otro de los oficios de tu pueblo, no tengo pacientes hasta mañana. Nomás no me vayas a salir con «desponchador» de llantas.

—Sí había. Y también teníamos al «desponchador» de mujeres.

—No, a ese ni me lo presentes, acá también teníamos varios.

—Estaba el señor de La Pompa, don Lupe Flores. Trabajaba en la Comisión Nacional de Irrigación. De vez en cuando soltaba agua para la Estación Camarón. Llegaba a un depósito y de ahí la bombeaba hacia la pila de la plaza, de donde íbamos con botes a acarrear para las casas. Don Lupe era el propietario de la única radio de la región, del tamaño de un refrigerador. Radio de bulbos, hasta que se calentaba empezaba a oírse. Parecía ropero, de marca Autorken. Lo conectaba con una batería de carro que se cargaba con un papalote que tenía en la punta de un poste afuera de su casa. Un día avisó a todo el pueblo que trasmitirían los funerales del Presidente de Estados Unidos, Henry S. Truman, fuimos todos al medio día a oír la noticia.

Escuchando a don Cecilio, a don Humberto también le van llegando sus propios recuerdos:

—Me acuerdo cómo oía la radio mamá. Teníamos un cuarto en la casa donde nos juntábamos a escuchar los programas. Había un programa de concurso, lo transmitían desde México. Ya no me acuerdo cómo se llamaba.

—Era el programa del Doctor IQ, todas las familias lo oíamos. Pero déjame le sigo con los oficios del pueblo. Contábamos con un domador de caballos. Era un indio natural, la gente se refería a él así, el Indio. Alto, delgado, de pelo lacio y tan largo que le llegaba a la cintura. Estaba colorado de la cara. Siempre andaba a caballo, muy serio el tipo. Montaba a pelo con falsa rienda e iba siempre bien derechito. Papá decía que podía pasar al otro lado sin papeles. Vivía con su mamá, a la que le decían la Güela, a un lado del arroyo de Camarón, donde tenía sembradas plantas medicinales como el estafiate que nos vendía cuando teníamos lombrices. Mamá nos hacía el té y quedábamos limpios de la panza. Con ellos vivía un nieto de la Güela, algo chisqueado. Cuando dilataba en regresar al jacal, se oían los gritos en todas partes: "Richaaaaaaaard", todos nos enterábamos y el güerco pegaba la carrera, de donde anduviera se arrancaba pa'l jacal. El Indio se destacaba de entre todos los jóvenes para lazar, pialar y jinetear en los jaripeos. Lo contrataban los rancheros para domar caballos. A veces nos invitaban e íbamos toda la familia a verlo domar algún potrillo rejego.

—¿Alguna vez hablaste con él?

—Al Indio nunca lo oí hablar.

—Échate el último de hoy, ya me están esperando mis hijos para cerrar el consultorio.

—El Jefe de Correos. Don Zaragoza González, un exmilitar de Zacatecas. Tenía un carácter de la fregada. Todos acudíamos ahí para mandar cartas, entonces era la manera como nos manteníamos en contacto con familiares que vivían en otros lados. Doña Tana, la señora que trabajaba en la casa de ellos, decía: "Ese viejo está alrevesado, se lava las manos antes de ir al escusado". Lo hacía porque durante el trabajo se le llenaban las manos de lo que soltaba el papel carbón. Ahí, en el correo, uno hacía sus ahorros. Comprabas una plantilla de timbres para usarlos más delante, los cuales podías regresar si andabas apurado y te devolvían tu dinero. La familia de don Zaragoza tenía vacas como segundo negocio, siguieron con ellas después de que el señor falleció.

—Tantéate, Cecilio, se me hace que tú inventas esas historias.

—Las traigo frescas gracias a que estoy escribiendo un libro. Para que veas que es cierto, la esposa de don Zaragoza era la que inyectaba en el pueblo. Ves que siempre hay en los pueblos una señora que sabe inyectar y todos los vecinos acuden a ella cuando tienen una receta inyectada. En los barrios de la ciudad también tenemos una vecina que inyecta.

—Sí, a mí me siguen buscando los vecinos por ser dentista.

—Ves.

—Ándale, pues. Que estás escribiendo un libro, mira, mira. ¿Cómo vas con eso?

—Muy lento, para no fallarle a San José María Escrivá.

—¿Y ese otro santito qué pitos toca aquí?

—San José María Escrivá fue un sacerdote español fundador del Opus Dei. Quería mucho a los mexicanos, aunque decía: "Los mexicanos son muy buenos, pero son como su agua de tamarindo, si no los mueves se asientan".

—Y dale con tus dichos. Pero tiene razón el santito ese.

—Pos sí. Por eso me estoy juntando con un joven amigo mío. Cada juntada me pone tareas para irle avanzando al libro. Le quedo mal, traigo delito con él.

—Si necesitas ayuda, tengo un escritor conocido muy bueno, el que escribió "Soy Norestense".

—A qué «diosidencia», es el mismo, no puede ser. Le digo que el de arriba lo tiene todo planeado.

—¿A poco?, luego me platicas, que ya tengo a mis hijos en la puerta queriendo cerrar el changarro. Le dices al norestense que me traiga leche quemada de Bustamante.

—De su parte. Gracias, doctor, como siempre un gusto saludarlo. La mejor de las tardes.

Tantarán tantán.

PACIENTE MATY II

En una de las consultas que mamá llevó a la tía Maty con su dentista, cuando venía a Monterrey de la Villa de Santiago:

—¿Cómo está, doña Maty?

—Muy bien, doctor, le mandan saludos mis vecinas de la Villa.

—Ni tanto. —La interrumpe su sobrina Olga, mi mamá—. Se la ha pasado quejándose de una muela.

—Ahí tiene que heredé la mala dentadura de mi papá, en cambio la Beba, mi abuelita Olga, heredó la dentadura de mamá, ni una muela picada tiene.

Nuestro dentista interrumpe el pleito entre sobrina y tía:

—¿Quiénes eran sus papás?

—Gustavo Fernández Elizondo y Matilde Díaz González. Mi madre era hija de Josefa González y el licenciado Blas Díaz Gutiérrez.

En mi familia se habla poco del licenciado Blas Díaz Gutiérrez, papá de mi bisabuela Matilde, la que murió en la iglesia (mamá de Maty y de mi abuela), originario de San Luis Potosí, avecindado en Nuevo León desde su juventud, fue diputado local en 1887, cuando comenzaba el mandato del General Lázaro Garza Ayala como Gobernador de Nuevo León, y alcalde del municipio de Villaldama de 1889 a 1890. Obtuvo un contrato con la cuidad de Monterrey para que él y sus socios B. F. Larué y Gaspar S. Butcher, establecieran el alumbrado público. Desde 1882 se habían hecho esfuerzos de contar con iluminación eléctrica en la ciudad. En ese año se logró alumbrar el Teatro del Progreso para la celebración de un baile. Año tras año se hicieron varios intentos de llevar luz eléctrica a las calles de Monterrey. Los tres socios lo lograron en 1889, iluminaron por primera vez, en forma permanente, la Plaza Zaragoza el 20 de agosto, festejando así el onomástico del General Bernardo Reyes. El 15 de septiembre de ese mismo año se inauguró el alumbrado público de la ciudad.

—Mire, yo tengo un abuelo licenciado y general, Pablo A de la Garza. Vamos a ver su muela.

Aprovechando que doña Maty no podía hablar, mamá, que estaba dándole duro al estambre —siempre llevaba su bolsa del tejido cuando había que tener paciencia esperando a su tía o a sus hijos—, le sigue a la plática:

—No conocí a mi abuelita Matilde. Se murió muy jovencita, cuando mi mamá era una bebita, por eso, todo el mundo le dice la Beba. —La tía platica que todo mundo la apapachaba.

—¿Cómo murió?

—En una boda en Catedral, un tragedión. En plena boda de don Luis G Sada. Aquello estaba lleno de veladoras y habían adornado toda la iglesia con telas blancas. Algo pasó que se

empezaron a quemar las telas, las llamas asustaron a la gente que salió despavorida y mi abuelita murió aplastada.

—¡Válgame Dios!

—Lista, doña Maty, se va a tardar en despertar su lado izquierdo, pero va a quedar muy bien. ¿Lista para regresar a la Villa?

—No me siento tan gallarda.

—Ya se le pasará. Si es de Monterrey, ¿qué la llevó a vivir a la Villa?

—Yo vivía con mi papá y mi madrastra en Monterrey, pero tenía amigas en la Villa y en Saltillo con las que me iba una temporada. Cuando me propuso matrimonio Avelino, un muchacho que conocí en la Villa, nos fuimos a vivir para allá. Compramos un terreno en las Alazanas, donde teníamos un huerto con duraznos, manzanas, y ciruelos. Con todo lo necesario para hacer las mermeladas. Ahora, ya sin Avelino, allá tengo mis quehaceres, mi vida.

—Hasta luego, Olguita, adiós doña Maty, le da mis recuerdos a sus vecinas de la Villa. Dígales que aquí las espero.

—Yo les doy su saludo, las veo todas las tardes, allá seguimos con la costumbre de sacar las mecedoras al caer el sol, donde los vecinos coincidimos en las banquetas. Nos refrescamos con el aire del atardecer y esperamos a que se refresquen las casas.

—Y a darle duro al chisme, eso ya no se usa acá en Monterrey. Antes estábamos pendientes de todos los del barrio, veíamos crecer a los niños, sabíamos de los pormenores de cada familia. Ya ni el nombre de los vecinos nos sabemos.

Tantarán tantán.

PACIENTE HISTORIADOR FERNANDO GARZA QUIRÓS II

¿Tú y yo qué venimos siendo?
Un par de idiotas.

En una comida de los Muchachochos, donde conforme van llegando se van sentando en la mesa que les tienen reservada para la reunión, se encuentran algunos Muchachochos, nuestro dentista don Humberto de la Garza, y el historiador Fernando Garza Quirós.

—¿Cómo vas con tus pendejadas? —le pregunta don Humberto a Fernando.

—De la tuya bien, ya no me duele la muela. De la otra, sí me van a tener que operar. Tengo incontinencia urinaria y lo que tú gustes y mandes. Por eso me tienes aquí sentado cerca del escusado.

Como en todas las comidas del grupo no faltan amigos muchachochos metiches. En cada conversación todos opinan:

—Este ya trae riego por goteo.

—Cuídate, no te nos vayas a ir sin despedirte. ¿Sigues dando clases, Fernando?

—Ya no, no me dejaban opinar sobre el temario del curso y soy el experto. Tantos años como maestro de la Universidad de Nuevo León, en la Facultad de Artes Visuales. Cuando empecé me pagaban diez pesos la hora. La facultad la creó Armando Flores, el actual rector ni título tiene.

—¿Ya no estás jalando? ¿De dónde te salió a ti lo filósofo?, si tu papá era vendedor de muebles.

—Mira, yo estudié en el Tec[6] gracias a una media beca que me ofrecieron, ni pensar entrar a la Universidad de Nuevo León, era comunista, decían. Concluyendo mis estudios de contador, me ofrecieron trabajo de maestro, me dijo el director de la escuela de Contaduría: "Usted ha sido un estudiante bueno, a secas". Así de directo. "Pero viene recomendado". "No estoy preparado para dar clases, le dije con sinceridad". "Nos están ofreciendo una beca para que se vaya a estudiar maestría al extranjero, Psicología". Y me fui a estudiar a la Universidad de Tulane en Louisiana. Ahí fue donde aprendí a escribir y agarré el gusto por la lectura. Para la mayoría de las materias teníamos que hacer extensos ensayos, revisados con rigor por los maestros.

—Ya nos has platicado de tus estancias en Estados Unidos.

—Aunque yo creo que fue del lado materno donde heredé la facilidad por las artes. José María Quirós Gutiérrez, mi abuelo nacido en 1830, peleó contra los americanos. ¿Cuántos podemos decir que tenemos un abuelo que peleó contra la invasión de los americanos?

El primero en contestar es don Humberto:

---

6 Instituto Tecnológico y de Estudios Superiores de Monterrey

—Yo, ah no, el mío fue revolucionario.

—No, así que chiste, peleándonos contra los mismos.

—Pero fue general, licenciado y general —replica don Humberto.

Retoma la plática nuestro historiador:

—Muy bien. El mío quedó viudo a los setenta años con nueve hijos. La familia de su primera esposa, Anastasia García Arizpe, era dueña de la antigua Hacienda San Agustín y lo que tú gustes y mandes. En ese entonces todo lo que no era San Pedro, del otro lado del río Santa Catarina, era San Agustín. Con la soledad de su viudez, se hizo novio de mi abuela Tomasita Quintanilla siendo una jovencita.

—¿Con novia a los setenta años? Coscolino el viejo, y yo esperando mis cinco años de viudez como todo buen marido se merece.

—¿Cómo ves al viejón de mi abuelo? Su propia familia se opuso, no era bien vista la diferencia de edades: "Está bien que te quieras volver a casar, pero búscate a una de tu edad", le decían. "Si uno entra a un jardín, corta la flor más bonita, no la que se está desojando", les respondía. Se casaron y tuvieron una sola hija: mi mamá, Lioba, con nueve medios hermanos bastante mayores.

—Lioba, me acuerdo que se usaba ese nombre.

—Sí, le pusieron así en honor de una tía que acababa de hacer sus votos y se llamó sor Lioba. Ella lo hizo por Santa Lioba que quiere decir Amada.

Don Fernando tiene siempre explicación para todo. La mesa del restaurante se podía convertir en una de sus clases, aunque con alumnos más respondones que los de la facultad.

—Amada, mira, y acá los güercos que hacían chistes de las que se llamaban así.

—Había una chamaca que vivía por el Mercado Juaréz que le decían así.

Se sueltan las risas, hasta que Fernando prosigue:

—Mi abuela Tomasita se quedó viuda en 1904. Como era de esperarse, muy joven y sin dinero. Los parientes de mi abuelo, José María Quirós, le dejaron una casa frente a la plaza de la Purísima, con ocho metros de frente, y de fondo daba hasta la calle Alejandro de Humboldt, a un lado de la casa de los Villarreal. Al otro lado estaba una casa muy bonita de cantera del señor Treviño y enseguida la casa de los Calderón, los dueños de Cervecería.

—Ah, cómo no, me acuerdo de esas casas. Los domingos en la tarde se ponía muy bien en la plaza de la Purísima.

Comienzan a servir la comida, consistente en varias órdenes de cabrito al pastor, una para cada uno, como siempre, pero don Fernando había agarrado vuelo con sus historias.

—Ahora que, por el lado de mi padre, su papá Francisco Garza González era del municipio de Hidalgo Nuevo León, con familiares en el vecino pueblo de Abasolo. Debió haber sido muy bravo, no lo conocí, pero supe que, cuando se iba a casar con mi abuela Magdalena González Cárdenas, llegó a la iglesia una señora con hijos a tratar de detener la boda.

»Mi papá, originario de Abasolo, quedó huérfano de padre a los 13 años. Su abuelo le había dejado la cuantiosa suma de diez mil pesos, depositados en la Casa Milmo[7], con el propósito de

____

7 La Casa Milmo operó por muchos años como institución bancaria. Patrick Milmo

asegurarle sus estudios, junto con sus dos hermanos mayores. El mayor de sus hermanos, el tío Fernando, había sido compañero de celda del futuro Gobernador Antonio I. Villarreal, a quien habían sentenciado por asesinar a un rival, los dos siendo unos jovencitos. El tío Fer sólo estaba ahí por incorregible. Los tres hermanos llegaron a Monterrey al barrio del Mediterráneo, mi padre estudió para ser tenedor de libros. Una carrera muy norestense, de herencia alemana, de esas herencias que nos llegaron quién sabe cómo, junto con la polca, la redoba, el chotiz, la cerveza, la industria, y lo que tú gustes y mandes.

—Y las salchichas. ¿El barrio del Mediterráneo es el que estaba a orillas del río Santa Catarina?

—Donde ahora está la Pulga Río y lo que tú gustes y mandes. Mis papás se casaron en el 21. Con poco dinero porque su hermano mayor, Fernando, fue una mala cabeza. Yo heredé su nombre, pero lo desbaratado, gracias a Dios, no. Pusieron un tendajo en el mismo barrio, era de todo, ahí. Le puso La Victoria, conmemorando el triunfo de la Revolución. Además de la venta de los productos propios de un tendajo, ahí se juntaban a leer, tenía el teléfono del vecindario, había dos mesas de billar, era la casilla electoral durante las elecciones. Después les pidieron la casa y se puso la cosa difícil. Nos fuimos a Gómez Palacio, Durango. Yo viví ahí del 25 al 39, de lo que más recuerdo es que en las tardes venteaba muy fuerte, se hacían unas polvaredas que teníamos que bajarnos de las bicis. Mi padre fue a poner una sucursal de Refrescos Nacionales, que después

O´Dowd, nació en Irlanda. En 1845 emigró a México por el comercio y en 1849 fijó su residencia en Monterrey. En 1857 se casó con María Pudenciana Vidaurri, hija del gobernador Santiago Vidaurri.

se llamó Refrescos Bimbo, de don Humberto Jasso. Recuerdo que mamá se encargaba de la correspondencia, que al principio era muy copiosa. Hasta que un día recibió otra mala noticia por carta, le oí decir: "Nunca volveré a abrir una carta, nunca más. He descubierto que hasta las urgentes son menos urgentes una semana después, a los dos meses no se acuerda de ella ni el que la escribió". No me lo dijo a mí, pero se me quedó muy grabado.

»Después de vivir allá una temporada, nos regresamos mamá y yo, un chiquillo de ocho años. Ella venía cargando en el tren una macetita como su pertenencia más valiosa y no me soltaba ni para ir al baño. Era un bonsái que le había regalado una tía. Llegamos a la estación donde contratamos un ruletero para llegar hasta la casa que nos prestaron en el mismo barrio del Mediterráneo. Ya instalados se fueron presentando los vecinos uno por uno. Cada día nos llegaba una visita por la tarde. Se presentaban, entregaban un presente —galletas, quesos, pan— y agradecían que hubiéramos decidido volver a su barrio. Con el tiempo nos hicimos de una casa propia, nos salimos del barrio y mi madre lloró. "Aquí todos me dan la mano", decía.

El resto de los Muchachochos, entre taco de cabrito y totopos con salsa, alcanzan a opinar:

—Así eran los barrios de entonces. Me hiciste recordar a los ruleteros. Se juntaban a la salida de la Estación del Golfo. ¿Y de los fleteros?, ¿te acuerdas?

—Cómo no. Los contrataban cuando se viajaba con maletas. Estos te cobraban según el valor de lo que transportabas. Ellos mismos ponían la gente armada necesaria para cuidar la carga. Salían a Laredo, a Tampico, hasta a México.

—En ese entonces no se viajaba en la temporada de lluvias, se hacía el doble de tiempo corriendo mucho peligro.

Los interrumpe nuestro dentista:

—Oye, andábamos con tu papá, ahora ya andamos en Tampico. ¿Qué pasó con la macetita de tu mamá?

Don Fernando retoma el tema:

—Aún la conservo, mi pasatiempo favorito es la jardinería, ese bonsái es parte de mi preciado jardín de la casa, ¿no lo conocen?

—Sí, tienes un titipuchal de plantas por todos lados. Pero nos estabas contando de tu papá.

—Papá no tardó mucho en alcanzarnos en Monterrey, porque ¡Fuera de Nuevo León no hay salvación!

»Se hizo vendedor de muebles primero en la empresa Torres Hermanos y después en la mueblería El Áncora, como agente viajero. Se la pasaba en la ruta, hasta que lo jubilaron. Con la jubilación se sintió muy mal, como si lo hubieran echado por inservible. Se fue apagando.

—Huy, yo al revés, desde cuándo me quiero jubilar del consultorio, pero mis hijos no me dejan, los cabrones —dice don Humberto.

—No te dejan. ¿A poco les vas a preguntar?

—No, pero me hacen montón junto con su mamá, a la que estoy esperando porque, como dicen, todo buen marido tiene derecho a cinco años de viudez, se me está haciendo tarde para empezar.

—Ah, qué Humberto, ¿de dónde sacas tantas pendejadas? Oye, ¿qué no va a venir más gente? Cada vez somos menos o ya son puros zacatones.

—Al rato llegan, acuérdate que los tienen como perras de rancho.

—¿Cómo perras de rancho?

—Sí, los amarran en las fiestas y los sueltan en las broncas.

—Ja, ja, ja. Insisto, ¿de dónde sacas tantas pendejadas?

Tantarán tantán.

PACIENTE JOSÉ SALÁN MANZUR II

La vida me ha enseñado a dar
... lo mejor de mí en todo.

Después de caminar por la calle Morelos, llega el dentista Humberto de la Garza a la cafetería del Sanborn´s. José Salán ya lo esperaba sentado en la barra. Era el barrio de don José, donde construyó su vida. ¿Cuántas tardes no pasó ahí charlando con colegas comerciantes, haciendo planes para acrecentar los negocios y poder contar con el capital suficiente con el fin de mantener a su amada familia? Desde diciembre de 1978, con el apoyo vía impuestos de los locatarios, la calle es empedrada, sólo peatonal, tiene comercios a los dos lados de la acera, muchos paseantes, y vendedores ambulantes. Anteriormente algunos locales, como la bonetería La Perla, tenía en la planta baja la tienda y en la planta alta habitaba la familia.

—Buenas tardes, aquí me tienes en tus dominios, en la calle de la moda de la ciudad, el corazón del comercio. Sé que tú fuiste parte de que haya sido así —saluda Humberto.

—Encantado de verte. Se ha bajado bastante lo de la moda y el comercio, después de que han abierto tantas plazas comerciales por todos lados, y aquí con tanto ambulantaje, pero sigue siendo un buen mercado. ¿Has visto cuánta gente pasa caminando? ¿Qué te pido, un café americano? —Voltea a ver a la mesera, que estaba atenta, tratando con cariño a don José. A lo que contesta nuestro dentista:

— ¿No tiene un café árabe?

—No, fregado, acuérdate que soy americano, de Detroit.

—No sé cómo se me olvida, con esa cara de gringo que te cargas. Si eres americano y tu papá árabe, ¿cómo terminaste en Monterrey?

—Arabia, Arabia. Como si tú fueras argentino. Mis papás nacieron en Irak, de ahí son mis antepasados. Un país destrozado por la guerra, borrando más de 2,000 años de historia de la humanidad —sentencia don José.

—Qué desgarriate. ¿Aún tienes familia ahí?

—No, ya no. Todos salieron, unos antes otros después.

—Me estacioné a un lado del Ambassador, ¿te acuerdas que era elegantísimo?

—Uf, nosotros los comerciantes, nunca comíamos ahí, era para puros riquillos. Aquí en el Sanborn's almorzábamos, nos tomábamos el café, pero comíamos en alguna de las fonditas que se establecieron entre los mercados.

—Tus papás se establecieron en México y aquí nacieron ustedes sus hijos. ¿Cómo que tú eres de Detroit?

—En 1954, viviendo en la Ciudad de México como jovencito hijo de migrantes, sin estudios, buscaba irme a los Estados Unidos, pero no lograba arreglar mis papeles. Un día llegó un señor ya mayor, caldeo, de Detroit, buscando contraer matrimonio con alguna de mis hermanas, ninguna consintió. Le pedí ayuda para poder regresarme con él. Con el consentimiento del tío Pedro Denja, el amigo y compañero de mi padre, que en paz descanse, él ya se había establecido allá, logré llegar a Detroit en diciembre de 1956.

—Con los fríos que hace por allá. ¿A dónde llegaste?, ¿a qué te dedicaste?

—En Detroit se estableció una comunidad grande de caldeos muy solidarios unos con otros. La mayoría dedicada al comercio. Tengo un directorio de 1961, recopilación de un sacerdote, con cerca de 1,500 familias de caldeos avecindados en Detroit.

—A la madre, había más que en Irak. Ahí aprendiste lo de ser comerciante.

—Llegué a la casa del tío Pedro y la tía Yamila, hermana de mi mamá. Luego luego encontré trabajo en un supermercado de otro caldeo, y ganaba 25 dólares a la semana. Pero como dicen: "El muerto y el arrimado a los tres días apesta". Se me puso difícil la convivencia con los hijos del tío Pedro, me fui a rentar un cuartito de 25 dólares al mes. Menos los 60 dólares que le mandaba a mi mamá, me quedaban 15 para vivir. Con la única ventaja de poder comer de todo en el supermercado. Antes de salir de la chamba me atracaba buscando no tener hambre en la noche ni en la madrugada. Al tercer mes de estar allá, no me regresé por puritito orgullo.

—Válgame, qué malpasadas te diste.

—Fui a pedirle trabajo al señor que no pudo ser mi cuñado y me ofreció 35 dólares a la semana, en otro supermercado, más un día de descanso, así pude estudiar inglés. En Detroit fracasaron todas las cadenas comerciales grandes de Estados Unidos, los caldeos acaparaban los abarrotes. Mi patrón se fue a Bagdad donde las señoritas de entre quince y veinte años hacían fila en la iglesia católica cada que llegaba un caldeo de Estados Unidos, y se casó con una de ellas.

—Terco el viejón. Uno queriendo salir y otros entrando al redil, ¿pero tú ya te establecido en Detroit?

—Después trabajé con otro caldeo padrino de bautizo de todos los hermanos de mi mamá en los tiempos cuando vivían en Tall Kayf, tenía la primera tienda con farmacia, revistería y supermercado. Ahí aprendí de todo, hasta de carnicero la hice. Los martes y viernes empezaba mi chamba a las 6:00 a. m. comprando las verduras. Pude hacerme de un capitalito y me fui llevando para allá a mi familia que seguía en México, hasta a mi mamá me llevé. Llegó el tiempo en que tenía que hacer el servicio militar cumpliendo las leyes de los Estados Unidos y me hice el sonso para que me descalificaran en el examen, seguía siendo el sustento de la familia. Ya entendía bien el inglés, en las pruebas me pedían mover un pie y movía el otro, dar un paso a adelante y lo hacía hacia atrás. Saqué 4F de calificación, la peor, ahí la tengo guardada, y no me fui a hacer el servicio militar.

Don José guarda muchos recuerdos como los directorios de los caldeos de Detroit, las escasas fotografías de su niñez, los estados de cuenta de sus primeras chequeras, y cartas que intercambio con su familia.

—El otro amigo de mi padre, Sabaya, se había establecido en Monterrey, con su esposa de Dr. Arroyo y su familia, como comerciante de ropa —continúa—. Iba seguido a Detroit, en uno de sus viajes con su familia, conocí a su hija Blanca. Acababa de llegar Sabaya con su hija Blanca a casa del tío Pedro.

Ese día llegué a visitarlos después de la chamba y al ver a Blanca, que me regreso a la casa a cambiarme y presentarme apropiadamente.

—Ándale, chiquito, tú también caíste. ¿Cómo no fui comerciante? Qué va, si no vendo ni una soda en el desierto.

—No es difícil. Como dice un paisano: sólo tienes que comprar a uno y vender a dos.

—Se oye muy sencillo —responde entre risas—, pero un vendedor no lo encuentras fácilmente. Ustedes, que llegaron con una mano adelante y otra atrás, anduvieron del tingo al tango, lograron hacerse de un patrimonio. Son un ejemplo de tenacidad.

Entre aroma y sorbo de café, y con la cafetería llena de parroquianos, se alarga la plática. Se acerca otra de las meseras a ofrecer el *refill* y a "coquetear" con don José.

—¿Cómo se siente, Pepito?

—Algo amoladón de las piernas.

—¿Nada más de las piernas?

—Sí, de lo demás estoy en servicio —añade, haciéndole una mueca a su acompañante. Mientras los tres se ríen.

—Tienes mucho pegue con las meseras —dice don Humberto.

La mesera aprovecha el comentario del dentista:

—En todos lados queremos mucho a Pepe. Desde los del estacionamiento lo reciben con cariño. Ahí no le cobran por instrucciones del dueño, pero cada uno recibe su propina. La mayoría de los locatarios lo conocen. Aquí todas las meseras nos lo peleamos, a todas nos dice que sí, pero no nos dice cuándo.

Una vez solos los dos:

—Así me llevo, pero es pura guasa, hay mucho respeto. Yo siempre he tratado muy bien a la gente, sea quien sea. Si realmente quieres tus zapatos, vámonos yendo antes de que cierren la zapatería.

—Pícale, paisano, que no me puedo regresar sin comprármelos.

En el camino se les acerca un vendedor de lotería, saluda a don José y les ofrece el cachito.

—Antes siempre compraba lotería con el Mago de la Suerte, Esteban Salazar, desde que estaba en una mesita afuera del Sanborn's. Después puso su local a un lado de la zapatería. Dos veces estuve a punto de sacarme el premio mayor. La primera cuando ya sólo quedaban dos series y mi hijo Beto escogió uno. Al día siguiente me buscó el Mago muy emocionado para darme la noticia de que había ganado el premio mayor hasta que entramos en cuenta que Beto había escogido la otra serie. Otra vez, yo compraba el mismo número con terminación en 3, cuatro veces seguidas me dio reintegro y le dije a mi hijo Víctor, ahora ya ve por el dinero, no compres el número porque ya no va a caer en terminación tres. Y que cae el premio mayor con ese número.

—Mala suerte con la lotería.

—Yo me saqué la lotería con mi esposa, y con mis hijos.

Tantarán tantán.

PACIENTE ROBERTO ALEXANDER ERHARD II

—Buenas tardes, don Humberto.

—Buenas tardes, doña Consuelo, ¿cómo está?

—Aquí le traigo a mi marido, que viene muy contento a verlo para ver si ya le quita el problema de las muelas.

—Yo también lo quiero ver. Me dejó muy picado con la historia de su familia.

—Uf, ya me imagino. Se queja de que mi familia no lo deja hablar, pero una vez que arranca no para.

Consuelo Pérez Maldonado Farías, la esposa de Roberto, es hija del escritor y coleccionista don Carlos Pérez Maldonado, una eminencia en la historia de la región y, en su tiempo, miembro de la Academia Mexicana de la Lengua. Nos dejó libros muy valiosos. Les recomiendo *Narraciones Históricas Regiomontanas* en dos tomos.

Don Roberto deja el silencio para aclarar:

—A mi suegro le tenía miedo, entre lo penoso y mi español pocho, cómo podía tener una conversación con el ilustre miembro de la Real Academia Española, escritor de libros como *El Obispado*, *La Ciudad Metropolitana de Nuestra Señora de Monterrey*, el mismísimo fundador de la Academia de Ciencias Históricas de Monterrey. Pero ahí les voy antes de que me pongan el tubo de la saliva.

—Lo que sea de cada quien, sabes muchísimo, qué memoria tienes, pela'o.

—Cómo no va a saber, si le dedica un tiempal, se la pasa leyendo, acomodando sus archivos, contactando familiares. Habla con parientes que ni conoce y tiene en todo Estados Unidos. ¿Verdá, viejo?

—La historia es muy importante, yo deseo que a alguien de mis hijos o de mis nietos le interese. Son nuestras raíces, nuestros lazos, nuestra familia. Para la familia es para lo que uno vive.

El bisabuelo de don Roberto, William F. Alexander salió de Carolina del Norte, de las afueras de Charlotte. Era de las familias que pelearon en la guerra de Independencia contra los ingleses. Llegó a Laredo en 1848, donde fue Alcalde en 1850. Se casó en segundas nupcias (la primera esposa la dejó en el norte) en 1852 con Carlota Dovalin Sánchez, oriunda de Laredo, Texas, de las viejas familias hispanomexicanas, hija de don José Agustín Dovalin, alcalde de Laredo, antes que él. William entró a la política influenciado por su suegro. Llegó a Laredo como aventurero o en algún tipo de representación oficial del gobierno de su primo, el presidente James K. Polk, quien había tomado la presidencia de los Estados Unidos en marzo de 1845, con la promesa de campaña de anexar a Texas como estado de la Unión: el presidente anterior, John Tyler, ya había ratificado el tratado con Texas como país independiente en febrero de 1845, antes de expirar su mandato.

—Mi bisabuelo, independientemente de su tiempo en la alcaldía, se hizo de un rancho en el sur de Texas, en Palafox. Entiendo que la tierra que la familia Alexander poseía era parte de las viejas porciones de tierra que la Corona Española cedió a Tomás Sánchez, fundador de Laredo y antepasado de mi bisabuela Carlota, cuando era parte del Nuevo Santander[8], hoy Tamaulipas, junto con otras familias españolas que él trajo para establecerse en el territorio. De hecho, Tomás, como oficial de la Corona española, recibió una tercera parte de toda la tierra que se distribuyó en la zona. Así que William, al casarse con Carlota, descendiente de los fundadores españoles de Laredo, se hizo cargo del rancho familiar.

Don Roberto fue ejemplo viviente del mestizaje de América, lo que enriquece y lo diferencia del resto de los continentes.

—Me pongo chinito recordando la historia —añade—. Fíjate, ésta nadie la sabe, me la contó un pariente mucho mayor

---

[8] Posterior a la Capitulación del Nuevo Reino de León a don Luis Carvajal y de la Cueva en 1579, que después pasó a don Agustín de Zavala y a su hijo natural, Martín, los virreyes se la pasaron dividiendo el territorio. En 1782 definieron al norte en Provincias Internas de Oriente y Occidente. Las del oriente eran el Nuevo Reino de León, el Nuevo Santander (Tamaulipas), la Nueva Extremadura (Coahuila), y Texas. Esta última colindaba con Nuevo Santander en el río Nueces, a la altura de San Antonio, por lo que, de los dos lados del río Bravo, era un Laredo dentro del Nuevo Santander.

que yo: cuando los gringos terminaron de anexar a Texas como un estado americano, a los texanos mexicanos les dieron la opción de escoger su nacionalidad. Los que querían seguir siendo mexicanos, a mucho orgullo, tomaron sus pertenencias y se cruzaron el río para formar Nuevo Laredo[9]. A los que se querían quedar, les daban la nacionalidad gringa, pero fíjate, antes de darles los papeles, tenían que jurar a su nueva bandera y los hacían bailar sobre una bandera mexicana que tenían en el piso. Eso era como una prueba que tenían que pasar.

—Esa no me la sabía, viejito, qué canijos los güeros —comenta Consuelo.

—Ni yo me la imaginaba, ha de haber estado difícil la situación para las familias que se quedaron y las que decidieron cruzar el río Bravo para formar Nuevo Laredo. Y lo que comentas de los peligros por los que pasaron con los indios, eso fue en toda la región —reflexiona el dentista—. Entonces, ¿tu abuelo ya nació en Laredo, Texas, USA y era hijo de gringo y mexicana?

—John B. Alexander Dovalin, un verdadero *cowboy* texano, poseía, en 1900, en San José de Palafox, una miscelánea y una casa.

—¿Le contó, doctor, que ahora tiene una calle con su nombre en Laredo? —interviene Consuelo—. John B. Alexander Pkwy, muy importante el abuelo de mi viejo.

—Se casó con María Andrea Johnson —explicó su marido—. La Iglesia católica texana no los quería casar porque el novio

---

9 Era un sólo Laredo en ambos lados del río Bravo, hasta el tratado de Guadalupe Hidalgo en el que se define al río Bravo como la frontera con Texas, es que se funda la ciudad de Nuevo Laredo, con los mexicanos que no quisieron quedar del lado americano en 1848. Familias de patriotas mexicanos.

era gringo y seguramente no practicaba el catolicismo. Era una de las formas como la Iglesia presionaba para mantener las cosas como en la época de la colonia. El párroco, amigo de la familia, consiguió el permiso y tuvieron doce hijos, la primera y la última, mujeres, y diez hombres.

—¿Doce? Como dicen mis hijos, no había tele en esa época.

—Ni tele ni nada, doctor, Texas sufrió mucho por la tierra árida, el clima, las guerras, malas cosechas, pero el abuelo de mi marido siempre se las arregló, ¿verdad, viejito? —comenta Consuelo.

—Sí, de hecho, les repartió tierras a todos sus hijos. Bueno, menos a Arturo, a quien mataron muy jovencito. Estaba estudiando licenciatura en el norte y en un regreso a su tierra, ya oscureciendo lo venadearon en las puertas del rancho, estando ya para entrar. Se hizo una tensión en la zona, ¡habían matado a un Alexander! Yo he estado investigando, me imagino algo así como *Crónica de una muerte anunciada*, del libro de García Márquez, para el que lo mató. Las autoridades encontraron al asesino y lo tenían en la comisaría; los hermanos, incluyendo a mi padre, Robert, echaban suerte para ver a quién le tocaba saldar la frente y dar muerte al afrentoso. Decidieron que lo matara el más joven de los hermanos, para al término de los cinco años de cárcel todavía tuviera vida por delante. El asesinato no se logró porque las autoridades, sospechando del plan Alexander, trasladaron al asesino a otro condado, donde lo juzgaron.

»Con sus parcelas, toda la familia, desde mi bisabuelo hasta la generación de mi padre fueron ganaderos. En un mapa de San José de Palafox, se muestra la propiedad de una cuadra completa por John B. Alexander Dovalin y dos mitades de cuadra por Andrea Johnson Alexander, todas ellas de frente a la plaza principal de la Villa. El pueblo ha estado abandonado desde 1932, fecha en que se convirtió en un pueblo fantasma, después de la caída del mercado del carbón al industrializarse el gas. El propietario actual de esas tierras es un vecino de Laredo, que también es dueño de un hotel.

»El nombre del pueblo fue en honor de don Francisco de Palafox y Melcel, un general español muy popular, quien se opuso con éxito a las fuerzas napoleónicas en España donde tiene también una ciudad a su nombre.

—¿Ahora está abandonado? Pero las propiedades son tuyas —lo interrumpe nuestro dentista.

—Mmmmm, mi doctorcito, algo ha de haber, pero habría que rascarle y no sé por qué mi viejito nunca ha querido.

—Sí llegaron a tener fortuna mis antepasados, pero son cosas pasadas. Para que te des una idea, La tienda más grande que había en Laredo, donde se surtía mi abuelo para su tienda en Palafox, los dueños la convirtieron en banco, ahí mismo fundaron el Laredo National Bank. Un viejo exempleado de ese banco le contó al mayor de mis primos que cuando trabajaba para el banco, John Bautista, mi abuelo, solía llegar en carretón a la tienda de Laredo a comprar provisiones para su tienda en Palafox. El vagón era tripulado por un empleado del rancho acompañado de John Bautista, cargando varias bolsas con monedas de oro, la moneda legal en esos tiempos, hasta que el presidente Franklin D. Roosvelt en 1932 la cambió por papel moneda, según la ley bancaria que él estableció, ya que los Estados Unidos estaban en una gran depresión. John compraba

toda la mercancía que necesitaba y si le sobraban monedas las dejaba en prenda para el siguiente embarque. Esto se repitió por muchos años hasta que el dueño de la tienda lo convirtió en banco, donde John Bautista fue invitado para ser socio, lo cual aceptó. Después de un tiempo decidió dejar el negocio bancario para dedicarse a su ganado y a la tienda en Palafox. No sé la verdadera razón que tuvo para dejar el banco, pero fue un gran error. Hasta ahora el Laredo National Bank sigue operando con mucho éxito.

—Tienes razón. Y de las vacas, los ranchos, la casa, la tienda ¿qué quedó?

Se adelanta la señora a contestar:

—La educación de los hijos, nuestra casa en Monterrey y unos ahorritos para mantenernos. Pero mejor ya dele doctor, se nos va a ser de noche y ni la mano le ha puesto a Roberto.

Tantarán tantán.

MÁS RECUERDOS

Aquí estamos los que estamos.
¿Y los que no?
No estamos.

Una de las ocasiones que fui a visitar a don Humberto de la Garza, nuestro dentista, le llevé leche quemada de Bustamante y nos aventamos un mano a mano:

—Aquí le traigo leche quemada.

—Ah, qué bárbaro, ¿de Bustamante? Calidad. Tan bonito pueblo.

—Sé que le gusta mucho y el fin de semana pasado anduve por allá. A la siguiente le traigo semita[10].

—Nombre, trajiste para dar y repartir. Calidad.

En la clínica, además de los consultorios, la recepción y la sala de espera, hay un cuarto donde se fabrican las piezas, la chamba del mecánico dental. No sé si sea el mismo cuarto y mobiliario de cuando empezó, pero parece. Yo le pregunto por

---

10 Semita: Pan elaborado a base de harina de trigo, piloncillo y nuez, preferentemente cocinado en horno de leña. De forma redonda y plana. Debería de ser cemita, pero la tradición de Bustamante N.L. la escribe con S.

Elinge, así pegado, porque así suena. Él se queja de su desmemoria. Yo sigo venadiando al mentado:

—Creo saber quién es. Ingeniero del Tec, vecino de Chepevera, después se cambió a San Pedro, recibiendo consejos de su hermano mayor y de su papá. ¿Más o menos en que fechas vivió acá?, ¿tenía hijos?

—Debió haber sido en los sesentas. Tenían solamente una niña. Tú y tus investigaciones, te pareces a mi señora madre. Ella siempre me sacaba la información.

Me río.

—¿Cómo ve lo que hemos cambiado? Su niñez fue diferente a la de sus nietos ahora.

—Nada que ver. Antes se respetaba a los mayores. Los niños acatábamos sin chistar, ¿qué es eso de que les pregunten lo que quieren cenar a cada uno?

—Pienso igual, ya los niños se nos montaron. De chiquillos teníamos prohibido entrar a la sala y al comedor de la casa de los abuelos. No entrábamos aunque no hubiera nadie.

—Pero ahora los papás andan hechos la mocha. ¿Cuánto tiempo le dedicábamos a pasarlo en familia?

—La tecnología nos da la oportunidad de hacer más, dejándonos menos tiempo para nosotros. Esposa, hijos, nietos, tienen que esperar.

—Hablando de nietos, me acuerdo que uno de los Muchachochos, de mis amigos con los que como cabrito el primer miércoles de cada mes, ¿te he platicado de ellos?

—Ya fuimos con usted a comer a Los Cabritos, riquísimo. Usted pidió una riñonada, mitad para comer y la otra mitad para llevar y se terminó comiendo los huesos.

Nuestro dentista se pone un plato a un lado y va poniendo los huesos, asegurándose que no le quede nada con una última chupada.

Don Humberto se ríe a carcajadas.

—Es que está muy bueno, hijo de la chin... Ese restaurante lo atendía Generoso, muy amable, ahora creo que está uno de sus hijos. Calidad, depende de lo que come el cabrito para que salga así de sabroso. ¿Qué te iba a platicar yo?

—De un nieto de uno de tus amigos.

—Ah, sí. Uno de los amigos nos contó que su nieto se le puso al brinco: "Güelito, tú sólo platicas las historias donde ganas, ¿nunca pierdes?" "Las que pierdo, le toca platicarlas al otro".

—Que lo platique el que ganó —respondo entre risas.

—Me estoy acordando otra de viejillos, ésta no me pasó a mí, me la contó un colega dentista. Le llegó un lunes tempranito, un cliente de esos de juventud avanzada, de ingeniero pasó a ser *inseniero*, por lo del INSEN. O el otro que, cuando lo veía caminando, ya todo chueco el pobre, le decía yo: "Mira cómo caminas y te diré como andas".

La risa nos gana.

—¿Y qué le pasó al cliente del otro dentista?

—Pos tú también te ríes. Este pela'o es, también, aficionado a la pesca, con el cual tenía mucha confianza mi colega: "Oiga, ¿qué le pasa?, ¿por qué viene así? ¿Qué pasó con las placas?" "No, doctor las perdí este fin de semana. Estaba en la lancha, tenía las dos manos ocupadas con la cheve y con la torta, se me hizo fácil estirar la red, ya que traía algo, con los dientes. Qué le cuento, se fueron con to' y caña, placas y el animal, y ahí me tiene ahora bien jodido. A eso vengo, necesito placas nuevas". Lo más duro de llegar uno a una edad, es que cree que las puede, pero ya no responde la central.

—Pobre pela'o, se quedó sin dientes en plena pesca, llegó todo destanteado. Para que vea que también tengo mis recuerdos, le voy a platicar de cuando jugábamos futbolito en la calle.

—A cada rato se echaban una cascarita mis hijos en la colonia Chepevera.

Entrados en la plática yo también me aviento mis anécdotas, no quería quedarme atrás:

—Aquí le paso las reglas básicas: a los más timboncitos los poníamos de portero, se cambiaba por uno bueno en los penaltis. A como fuera el marcador, a la hora de la cena, el partido se acababa con "gol gana". No había árbitro, así que cada quien marcaba los faules, las manos y los goles, no había fuera de lugar, había que confiar en cada quien. Los dos mejores eran los que escogían. Para definir quién escogía primero teníamos dos métodos: si alguien traía una moneda, un tostón o un veinte, usábamos el pico-mona; la otra era con piedra, papel o tijera. Había que aguantar la madreada si te escogían al último por basca. Los chiquitos o más malos se quedaban de defensa. Nunca se suspendían por lluvia, parábamos si se quebraba alguna ventana, se ponchaba el balón o se enojaba el dueño de la pelota. El que se la volaba iba por ella. Las porterías eran dos piedras, el ancho se medía con diez gallo-gallina del portero, la altura era al tanteo, preferías tirarle raso buscando no crear discusiones de que sí fue alta la bola o fue gol. Además de las clásicas: mano sobre gol es gol, portero ambulante, no se vale cascarero (estar permanentemente en fuera de lugar), para los cachirules (alguien que rebasaba por mucho la edad promedio)

no vale cañón. Lo mejor es que no estaba en juego nada, sólo el orgullo de ganar ese partido, aun así los ganadores se ponían muy contentos y los perdedores se iban tristeando.

—Muy bien organizados estaban.

Como siempre la plática se nos va de un tema a otro sin control, mientras los dos disfrutamos. Es como si fuéramos degustando los temas en una larga comida con muchos platillos. Regreso a preguntarle de sus vivencias y, otra vez, se me va el usted y no lo tuteo:

—No me ha dicho, qué le gustaría platicarle a sus nietos, de lo que usted ha vivido.

—Una muy fácil: que no se deslumbren con las apariencias. Antes ni apariencias teníamos. Aquí se apreciaba al que tuviera logros.

—Cómo hemos cambiado con eso, ¿verdad? Ahora andamos rindiendo pleitesía a cualquier entacuchado con lana, o que aparenta tener lana.

—Figúrate que relacionábamos la hermosura con la capacidad de hacer.

Otra vez me saca de balance y le pregunto para no quedarme con la duda:

—¿Cómo está eso?

—Estaba. A ver si te tocó oír esta frase: "qué guapa tu mamá para la cocina, le quedan riquísimas las manitas de cerdo".

—Cómo no. No me había puesto a pensar, lo de guapa es porque sabe hacer algo muy bien, no por como se ve ella, no por su apariencia.

—Me gusta pensar así.

Me quedo con la inquietud: ¿podremos regresar a valorar a las personas por sus virtudes, sus logros y no discriminar en base a su apariencia, como sí lo hacen en las discotecas y antros de moda o nosotros mismos que tratamos mejor a una persona bien parecida que a alguien que se nos hace feo(a)?

Tantarán tantán.

PACIENTE CECILIO DE LEÓN III

¿No se comerá la carne el perro?
Si no la encuentra no.

Don Cecilio de León es un paciente asiduo del consultorio de nuestro dentista, parece que los dos disfrutan mucho las consultas:

—La mejor de las tardes, doctor. ¿Ya le he ofrecido libros? Tengo libros en venta, mi estimado doctor.

—No soy doctor, soy mecánico dental. ¿Qué tal la chamba?

—Un buen mecánico sin cultura puede ser bueno, pero un mecánico con cultura, seguramente será mejor.

—Ándale pues, escógeme un libro que me haga ser mejor. ¿Y qué te trae por acá? Tenías rato de no venir. Me dice la secretaria, a quien todo se le olvida, que tienes un problema con una muela, pero no me dice cuál.

—Es una muela que me está molestando mucho. Espero ya salir de esta, con la ayuda de Dios, de usted y con la moringa.

—¿Te volviste joto?, ¿qué es esa marinola?

—¡Ah, qué doctorcito! La moringa es una planta de la India, que me tiene aquí con usted hoy. Ya me estaba quedando sin movimiento por la móndriga artritis, ni manejar podía y míreme ahora cómo ando.

Se pone a hacer sentadillas en pleno consultorio.

—Párate, párate. Ya me habías asustado. Tú no eres de Monterrey, ¿dónde te creaste?

—De huercos vivíamos en la Estación Camarón, en Anáhuac, mi papá trabajaba en la empacadora de algodón.

—La tierra de Vidaurri.

—Bueno, él nació en Lampazos, cuando Anáhuac pertenecía a ese municipio de Nuevo León. Sigue teniendo mucha influencia la memoria del gobernador Santiago Vidaurri. Allá está enterrado en la mesa de Cartujanos, es tratado como un héroe. Acá será que se cuenta la historia oficial, del centro, que ni estatua tiene.

—¿Y qué te trajo a la ciudad?

—Un año que se puso la cosa muy difícil, se secó la presa de Don Martín[11], los vecinos perdieron sus cosechas y se

---

11 Don Martín fue una de las primeras obras hidráulicas de importancia construidas en el México post-revolucionario. Ordenada por el presidente Plutarco Elías Calles en 1927, puesta en servicio por el presidente Pascual Ortiz Rubio, con una extensión de 19,800 hectáreas, en el municipio de Juárez Coahuila, a donde se llega por una desviación partiendo de la ciudad de Sabinas, Coah. En los márgenes de la presa se encuentra el poblado de Don Martín donde sus casas de adobe se alinean a la laguna desde su única calle. La mayoría de sus pobladores viven de la pesca. Formaron una cooperativa que establece los precios y espacios de pesca cuidando no afectar el entorno ecológico. Sustraen robalo, pintontle y bagre, que es vendido principalmente en la Región Carbonífera y en Monclova. En el pueblo existen rústicos restaurantes en donde pueden degustar deliciosos platillos, como el ceviche de bagre y filete de robalo, un parador para los visitantes, con muelle, un restaurante, palapas, área de estacionamiento y parque de recreo infantil. En la presa se practica la pesca deportiva, con regularidad efectuándose torneos. En los últimos años la presa ha sido impactada por problemas de ensalitramiento, reducción

quedaron sin dinero. La gente, antes de salir del pueblo, vendió sus tierras con todo y derecho de agua. Una o dos familias con dinero se las compraron a precio de remate. La empacadora se puso en huelga con papá adentro, no podía salir. Mamá empacó nuestras pertenencias en dos maletitas y nos vinimos ella, mi hermano y yo a Monterrey, de la mano de Dios y con un préstamo que nos hicieron para comprar el pasaje de un camioncito de tercera que se vino ranchando. Cincuenta pesos de los azules.

—Me acuerdo de esos billetes, tenían a Zaragoza de frente, después salieron los de Allende.

—Mi madre, con sus dos hijos pueblerinos de 16 y 14 años, llega a la gran ciudad, donde todo es hecho madre, con una mano adelante y otra atrás. Nos recibieron, muy forzado, en casa de un familiar en la calle Luis de Carvajal, donde nos instalamos, cerca la zona de tolerancia.

—La calle de nuestro fundador la pusieron en un barrio durísimo, nosotros de güercos que andábamos por todos lados, no entrabamos ahí.

—A todo se acostumbra uno, menos a no comer. La tía, dueña de la casa, le cobraba la pensión a mamá con trabajo: lavaba, planchaba, hacía el quehacer todo el día. Después de varios días de andar perdido por la ciudad, con eso de que las

de agua circulante y por la introducción de especies exóticas. Aunque el nombre oficial de la presa es Venustiano Carranza, el nombre de "Don Martín" le viene porque don Martín Guajardo era el dueño de las tierras. Él había construido con sus recursos una pequeña presa para el riego de sus tierras, la presa como la conocemos ahora es por la expropiación de las tierras de Don Martin con la finalidad de hacer "crecer" la presa. Las personas no conocen la presa por su nombre oficial e incluso en las señales de la orilla de la carretera, indican la desviación de Sabinas a la presa "Don Martín".

calles son de arriba para abajo, cuando van para el sur, y de abajo para arriba, cuando van para el norte, encontré trabajo como albañil en la calzada Madero. Como me vieron grandote me pusieron a cargar. En la noche, a fin de no gastar en pasaje, llegaba caminando a la casita, que estaba bien lejos, y me preguntaba mamá: "¿Cómo te fue en el trabajo?" Yo, aguantando los dolores de espalda y preguntándome si iba a cenar algo, le contestaba que muy bien. Lo que menos quería era atosigarla más.

Las personas se solidarizaban en familia, dando todo lo que podían. Juntando lo que cada uno podía conseguir para adquirir lo indispensable para seguir viviendo.

—Aquí en Monterrey conocí los aceleres, todo es más aprisa en la ciudad. Cada día nos recibía el capataz de la obra con: "Hay que darle una recia". Nos quería tener a todos apurados, en friega. Fueron tiempos muy pesados para los tres, pura chamba, mal comidos y de arrimados: vivíanos apenitas. Un buen día, bendito Dios, nos ofrecieron trabajo, a mi hermano y a mí, en una lechería. Nos dijo el encargado: "Van a trabajar los dos, uno de siete a siete y el otro de siete a siete, no hay descansos, no hay domingos, no hay días festivos. Pero eso sí: se pueden tomar toda la leche, comer todo el queso y la crema que quieran. Les voy a rentar una casita enfrente de la lechería y la paga es de trescientos pesos al mes". Nosotros nos dijimos por dentro: "Hasta que se nos va a hacer comer". Duramos más de un año trabajando ahí. Nos las seguimos viendo muy duras con la chamba, pero pudimos tener a mamá tranquila. Después conseguí trabajo en Gamesa, gracias a unos parientes, mi primer trabajo formal, hasta en el IMSS me inscribieron. Todo se da al paso de Dios.

En la ciudad de Monterrey, el siglo pasado, como la mayoría de las migraciones, las personas que llegaban de los diferentes pueblos, conforme se iban acomodando, se iban jalando, quizás sin proponérselo, a paisanos suyos. En los trabajos donde pudo colocarse alguno y este resultaba cumplidor, se abrían las puertas para gente de sus lugares de origen. Y si añadimos que los dueños de algunas compañías eran oriundos de esos pueblos, con mayor razón. Así encontramos que muchos de los trabajadores de Gamesa (Galletera Mexicana) desarrollada a partir de Galletera Lara por la familia Santos, originaria de Bustamante, jaló a muchos trabajadores de Bustamante y los pueblos vecinos como Villaldama. Igual pasó con Maseca y la gente de Cerralvo, con Cemex y el pueblo de Hidalgo, y con Rexal, la empresa de mi abuelo que, teniendo un rancho cerca de Montemorelos, se jaló a mucha gente de allá para trabajar en la fábrica.

—Tantéate, Cecilio. Se cansa uno de oírte hablar de tanto trabajo. Te pusiste unas friegas brutas. ¿De siete a siete?

—¿Qué otra cosa podíanos hacer? Primero por mi mamá, después para casarme, luego por los hijos y así seguimos encarrerados. En la lechería yo empezaba a las siete de la mañana y me iba de corridito hasta las siete de la tarde, ordeñando, limpiando, alimentando a las vacas. A esa hora entraba mi hermano y el terminaba cuando entraba yo al día siguiente. Terminando mi turno me quedaba un rato sentado debajo de una anacua[12] que daba muy buena sombra, cansadísimo, soñando con un mejor futuro, después me iba a bañar.

---

12 Ehretía Anacua, árbol nativo del noreste de México, que de fruto tiene unas bolitas a veces rojas, a veces amarillas, que no sirven para nada.

—Es como dijo un gringo gerente de una maquiladora: "Solamente les pedimos que trabajen medio día. El otro medio día, las doce horas restantes, pueden disponerlo como quieran". Vamos a ver si ya te hizo efecto la anestesia. Así como ustedes, que se mudaron del campo a la ciudad, nos llegaron muchos. Parece que se vaciaron los pueblos y todos vinieron a dar acá o a Estados Unidos. ¿No tienes parientes allá?

Don Cecilio asiente con la cabeza, acordándose de los familiares que se han desconectado después de cruzar pa'l otro lado.

Terminado el tratamiento:

—Listo. Para mañana vas a poder morder tu moronga esa.

—Moringa, don Humberto, moringa. Es en polvo. Secan la hoja del árbol y la venden en polvo. Da mucha vitalidad.

—Bueno pos hasta el tronco del árbol ese vas a poder morder.

—Como le decía, ese fue nuestro recibimiento en esta bendita ciudad. De allá del rancho platican que un año después de nuestra partida regresó el agua a la zona de Anáhuac. La gente, ya sin tierras, volvió al pueblo buscando recuperarlas. Los dueños se las ofrecieron vender al doble, quesque por el derecho de agua. Total que al jodido, se lo jodieron. Los que se quedaron, se pusieron a trabajar las mismas tierras, pero para el nuevo dueño.

—Como siempre, se chingan al jodido. Bueno, Cecilio, como quiera tú ya eres regiomontano y con buena dentadura. Te portas bien.

—Yo siempre me porto bien, ya sabe lo que dicen: "Si haces el bien te encuentran, si haces el mal te buscan". Como siempre un placer saludarlo. La mejor de las tardes, Humberto.

Tantarán tantán.

ELINGE

Cada muerte
es una historia de vida.

El mentado ingeniero del que tanto he hablado con nuestro dentista, don Humberto De la Garza, pudo haber sido mi pariente Enrique Canales Santos. Ingeniero Mecánico Electricista del Tec, con maestría en Administración y doctorado en Administración de Tecnología.

Fueron vecinos de la Chepevera, él vivió unos años ahí, de recién casado, mientras construía su casa en una loma de San Agustín pegada a la Sierra Madre. De niños fuimos algunos domingos a la construcción de su casa a regar los árboles que fue sembrando. Nos entreteníamos guiando al agua con la acequia que conectaba con todos los jóvenes arbolitos. Teníamos que abrir y cerrar los pasos del agua para ir regando cada uno de ellos, cuando el círculo se llenaba, cerrábamos ese paso con tierra y nos íbamos al siguiente.

Él siempre usaba dichos como: "Debes tener lo que se quiere y no querer lo que se tiene"; "Para evaluar una obra debemos de tomar en cuenta la relación de que lo bueno es bello, lo bello es verdadero, lo verdadero es bueno".

Gran pintor con un estilo propio y colorido, excelente escritor de opinión. La gente me sigue recordando sus cápsulas que salían en un noticiero local "Saliéndome del Cuadro". Él creó el formato, hacía los guiones, producía, editaba y grababa las sesiones, y las enviaba al canal que dirigía mi hermano Roberto. Ahí salía como parte del noticiero matutino. Empezaba pintando un cuadro y se volteaba a la cámara para desarrollar un tema con su estilo directo, seco y claro. En uno de ellos empezó con su tono de voz golpeada, diciendo: "¿Y cómo le vas a hacer para prosperar tú?, ¿qué estás haciendo tú?, porque tú eres el dueño de ti, ¿o ya te vendiste?" Eran muy vistas.

Desarrolló una corriente que él llamó "El cultivo de tu fregonería", enfocada en ayudar a la gente a encontrar su razón de vida, "para lo que nacimos". La esencia del cultivo de la fregonería se desarrolla en tres campos: lo que te hace vibrar, tu emoción más fuerte; obedecer a la materia, entender a lo que la naturaleza te deje; que entregue un beneficio a la sociedad, al mercado.

Me tocó ir por él una vez a su casa para llevarlo a un partido de los Rayados de Monterrey. No le gustaba mucho el futbol, realmente no le gustaba gastar su tiempo en aficiones, pero en esa ocasión había donado uno de sus cuadros para el jugador que metiera el gol más bonito en el clásico entre Rayados y Tigres, un 22 de diciembre de 1990. El cuadro se lo llevó Mario Souza "Bahía". Lo dejé de regreso en su casa. Llegando, se subió a su carro para ir a una cena donde ya lo esperaban, en su Caribe VW roja. El Doctor Enrique Canales se movía en un carrito de estudiante.

En un seminario que dictó y me pude inscribir, nos platicó un episodio que vivió en sus épocas como Director de Tecnología de Vitro: los visitó una empresa vidriera italiana y después del recorrido a las instalaciones de Monterrey, les anunció su intención de establecer en México una fábrica de vidrio resistente a los golpes para producir vajillas. Los directores de Vitro persuadieron a los italianos de que no la pusieran porque ellos ya estaban en proceso de producir dicho producto, que en seis meses lo tendrían listo. Despidieron a los italianos y se reunieron con Elinge. "Ya sabemos para qué naciste, tienes seis meses para producir *Fortecrisa*". Él escogió a tres gerentes de las diferentes plantas, los reunió y les dijo: "Ya supe para quée nacieron", y en ocho meses estaban produciendo *Fortecrisa*.

La querida tía Licha, su esposa, tiene muchos escritos suyos. Como gran ingeniero todo planeaba, escribía, archivaba. Hay escritos describiendo las casas de sus abuelos y de sus padres cuando era niño. Tú los lees y parece que estás entrando en una de esas casas de los barrios de antes, con patio al frente donde se sembraban hortalizas, algo de maíz, calabacitas, melón, yerbabuena, cilantro, tomate y matas de chile piquín[13]. En los traspatios tenían corralitos con gallinas ponedoras de blanquillos gracias al aporte de un gallo despertador, y un marranito o chivito al que mataban para algún festejo entre varios, después de haberlo engordado y, a veces, después de que los niños se encariñaban con él como mascota. Cuando alguien hacía una comida especial, o cuando el árbol frutal de la casa

---

13 Las matas de chile piquín, o chile del monte, no se siembran, el proceso de germinación es con la ayuda de la digestión del pájaro "chilero", llamado así porque se alimenta del piquín. Las matas crecen debajo de los árboles en el monte gracias a que la semilla cae abonada y ahí germina. Las matas que logramos tener en nuestros jardines es trasplantándolas, con mucho cuidado del monte a una buena sobra de nuestro patio.

estaba en cosecha, mandaba platos a la casa de sus vecinos. Describía esa labor diaria de proveerse a sí mismos.

Para las navidades siempre nos tenía regalos a sus sobrinos. En varias ocasiones nos repartió libros, novelas clásicas. Una manera de incitarnos a la buena costumbre de leer.

Como su papá, mi abuelo Gregorio, Elinge le entraba a la cocinada y buscó mantener las recetas familiares como la cabeza de barbacoa y la fritada, con una técnica muy distinta a la de mi padre que es más de sentido. Elinge apuntaba con precisión la cantidad de cada ingrediente, las temperaturas y los tiempos de cocción, en cambio, a su hermano Roberto, mi padre, muy buen cocinero, no le gusta usar receta, va haciendo su sazón al *filling*.

Sin duda el Dr. Enrique Canales Santos trascendió como ingeniero en la industria del vidrio, como pintor, como escritor de opinión, pero sobre todo por su carácter norestense determinado hacia el buen uso de uno mismo.

Tantarán tantán.

PACIENTE HISTORIADOR FERNANDO GARZA QUIRÓS III

Lo que no vale madres
... ni madre vale.

En otra de las comidas de los Muchachochos, llega nuestro dentista cuando ya había varios sentados a la mesa, incluido el historiador Fernando Garza Quirós:

—Buenas tardes, ¿Cómo estamos, los que aún estamos?

—Aquí seguimos dando lata, Humberto, igual que tú —responde Fernando.

—Fer, ¿cómo va lo de solo Nuevo León es importante?

—Fernando Garza Quirós, aunque te cueste más trabajo, y nunca te la vas a aprender.

—Ya mero me la aprendo, ¿no?

—¡Fuera de Nuevo León no hay salvación! Por eso aquí nos tienes en Monterrey, y nos llegan gentes de todos lados. Antes no nos pelaban los chilangos, desde el escritorio del obispo de la ciudad de México se decidió que el centro de Nuevo León debería de ser Linares, en los mapas se ve como centro geográfico, considerando las provincias de

Texas, Coahuila, Nuevo León, Tamaulipas y lo que tú gustes y mandes.

—Ya va a empezar este con la historia, él sabe porque estuvo ahí— lo interrumpió un Muchachocho.

—Tan bien que me caías, hasta que te conocí y te conocí ciruelo.

—Déjalo acabar, Fer sí sabe, no me lo alebresten. Estamos con el obispado de Linares —dice nuestro dentista.

—Además esta basca es tan creído que si lo compras a lo que vale y lo vendes en lo que él creé que vale, te haces millonario.

—A ver quién te lo compra si ni chamba tiene. Mejor síguele con el señor obispo.

—Al fin nos dieron un obispado para todo el noreste en 1777, el de Linares. Pero no llegó a establecerse ahí, sino en Monterrey. El primer obispo pasó por Monterrey muy enfermo camino a su obispado y no la libró. El segundo, fray Rafael José Verger, el franciscano constructor, llegó hasta 1782 ya decidido a quedarse aquí. Más adelante, se consideró el centro comercial de la zona en la ciudad de Saltillo, por estar cerca de los centros mineros de Zacatecas.

—¿Los zaraperos de Saltillo?

—Esos meros, por cierto, ni zarapes hacían. En esa época, ustedes no lo saben y lo deberían de saber, en Saltillo se hacía la feria regional y lo que tú gustes y mandes. Llegaba gente de todo el noreste dispuestos a vender sus productos, incluyendo las fábricas de hilados de Monterrey, llevaban los zarapes que se vendían muy bien, para surtir a todo México.

—Luego que ¿por qué creció tanto Monterrey?

—Ya antes, en tiempos de nuestro gober Vidaurri, el comercio había juntado grandes capitales y más adelante algo presintió don Porfirio, el llorón de Icamole [14].

—¿El llorón de Icamole? ¿Y eso?

—Ustedes no lo saben y lo deberían de saber, en mi libro *El Ánima de la anacahuita*, que trata del culto de una planta. ¿Cuándo han oído del culto a una planta? Nos remontamos a las tribus prehispánicas de mesoamérica, rindiéndole culto al maíz. Esto es verdad, la anacahuita está en el pueblito de Icamole, ahí murió uno de los oficiales de Porfirio Díaz y lo enterraron a un lado de una anacahuita, ya ven que tenemos muchas y muy fregonas.

—Es la flor distintiva de Nuevo León, y algo tiene en sus raíces o no sé qué porque si estás en un rancho y no agarra señal el celular, te acercas a una anacahuita y agarra señal. En serio.

—Tú que vas a saber si ni celular tienes, y este otro hablando del anima de una planta.

—Lo que tú gustes y mandes, pero la gente tiene devoción a ese arbusto en particular no al muerto. Yo lo descubrí cuando estaba recabando información del niño Fidencio, para otro de mis libros. El tren a Espinazo, donde se le rinde un culto

14 En 1876, Icamole, poblado del estado de Nuevo León, fue escenario de la célebre batalla en la que las fuerzas lerdistas se enfrentaron a las tropas de la Revolución de Tuxtepec, comandadas por Porfirio Díaz. Quienes fueron ampliamente superados. Después de la derrota Díaz manifestó su disgusto a sus subordinados nuevoleoneses Naranjo, Treviño, increpándolos en son de mofa: *¿Pues no decían que los nuevoleoneses eran tan valientes...?* Entonces Naranjo le contestó sin vacilar: *¿Qué cree usted que Quiroga es de Oaxaca?* Para burlarse, los enemigos de Díaz propagaron la versión de que al ver la desastrosa actuación de su ejército en combate, el oaxaqueño rompió en llanto; razón por la cual se le conocía como *El llorón de Icamole.*

impresionante al niño Fidencio, pasa cerca de la venerada ana-cahuita, está llena de ofrendas. Regresé al lugar y tomé presta-do una de las ofrendas, ahí la tengo en mi jardín.

—¿Y ahí que pitos toca don Porfirio?

—Otro iletrado. En esa zona, el "invencible" general Porfirio Díaz, perdió una batalla en contra de Quiroga, quien defendía al presidente Lerdo de Tejada y al término de la batalla dicen que lloró.

—Puro chillón, y entonces ¿por qué creció Monterrey?, ¿porque lloró don Porfirio?

—Ah, qué la canción, no. Siendo ya presidente, Porfirio Díaz nos mandó como gobernador del estado a su brazo derecho, Bernardo Reyes, papá del Regiomontano Universal. Pero lo que detonó esto fue el ferrocarril. Pasadas las revueltas y los desastres de la independizada de Texas, y teniendo pacificada el área gracias a nuestro Gober Vidaurri, empezamos a hacer comercio con ellos y en el año de 1882 terminó de detonar la llegada del primer tren que conectaba la ciudad de Monterrey con Laredo, Texas. Desde entonces no ha parado de crecer.

—Aquí todo crece, menos la lista de los Muchachochos, cada día somos menos.

—¿Saben algo de Carlos Guzmán Sepulveda?

—Claro, Fer, hermano de Zenón, que en paz descanse.

—Fernando Garza Quirós, aunque te cueste más trabajo. Me he estado acordando de su papá, don Jesús Guzmán, casado con Genoveva Sepúlveda. En la casa de los papás de ella fue donde acogieron al Dr. González después del divorcio.

—Gonzalitos, el de la calle.

Vuelve a interrumpirlo el Muchachocho:

—Este calzonudo es distraído y distractor. No le deberían decir Gonzalitos, ese apodo salió por lástima, después de que su esposa lo dejó para irse con el general Arista, quien estaba casado. ¿Se han fijado que la calle Gonzalitos no cruza con Mariano Arista?, saldrían chispas. Ahora que... Mariano fue un mal militar, bueno, según los gringos, y mal político. Pero la señora logró vivir en Palacio Nacional como concubina.

—Bueno, bueno, Dr. González. ¿Qué fue de Carlos Guzmán?

—Me acordé porque me invitaron a una plática en la biblioteca del Tec y la mamá de ellos, doña Genoveva Sepúlveda, donó la biblioteca del Dr. González, la mejor de toda la región, al Tec.

—Tienes razón, Zenón me platicó de la cantidad de libros que tenía su tío, así le decía a Gonzalitos.

—Dr. Gonzalez. Haber donado esos libros de mucho valor, vaya altruismo.

—Tanta biblioteca y nadie lee más que el periódico.

—Como mi tío Benito Garza Villarreal, que nunca leyó.

—No me digas, Fer, que el Tío Laureano, era tu tío.

—Fernando Garza Quirós, aunque te cueste más trabajo, y sí, Benito Garza Villarreal, alias el tío Laureano, era primo hermano de mi padre.

—¿De dónde salió el mote del tío Laureano?

—Él desde siempre fue bueno para los chistes, cuando empezó a hacerse notar le pagaban por decir un chiste, que él inventaba en el momento. Como los versistas a los que les daban una moneda por decir un verso. Benito empezaba sus chascarrillos con: "Cómo diría el tío Laureano", mentando a un Laureano León, que sí existió. Tenía esa filosofía entre norestense y fronteriza, era dicharachero, pero Benito le dijo quítate que ahí te voy. Conforme se fue haciendo famoso, la gente lo identificó con ese apodo. Aunque ahora hay un libro muy mal escrito, confunde al verdadero Laureano con mi tío Benito.

—Ah, qué confusión, pero de que sigue siendo famoso, lo sigue siendo. Tú te sabes muchas de tu tío, échate una.

—Le gustaba mucho burlarse de la revolución mexicana. Hacía un humor negro como disfrutando de la tragedia o aprovechándose de ella. Ahí tienen que después de una batalla perdida la tropa iba en retirada, quien más quien menos, todos iban cabizbajos y pensativos por la derrota. Una soldadera iba quejándose amargamente. Uno de los soldados le pregunta: "¿Te hirieron?", "Sí." "¿En la refriega?" "Más bien, fue entre la refriega y el ombligo".

Las risas no se hacen esperar.

—Qué barbaro —dice el Muchachocho.

—En la refriega —comenta Humberto entre risas.

—Estoy escribiendo un libro sobre él —explica Fernando—. Ya saben que a mí me gusta la historia que a nadie le interesa, el folclor. Me está ayudando un joven escritor, espero que el chamaco lo pueda terminar.

—Te andas arrimando con jovencitos, eh.

—Ah de ser borrado, me late que te gustan de ojos claros.

—¡Zafos! Bájenle móndrigos, andan cuatrapiados. No está tan chavo, ya tiene dos libros, uno muy sencillo, pero valioso, se llama *Soy norestense*.

—Ah, cómo no, lo conozco. No canta mal las rancheras.

—El norestense insiste en hacer una antología de mis libros, yo prefiero trabajar con el tema del tío Laureano, da para

mucho. A mí me interesa desde la perspectiva psicológica. Fíjense que el tío Laureano era muy jocoso y todo lo que tú gustes y mandes, tanto que los presidentes de la república se lo llevaban a México con el fin de animarles reuniones, mandaban por él exclusivamente para algún festejo en Los Pinos. Pero siempre hay una dualidad donde los extremos se juntan. Contrario con el tipo fiestero en lo externo, en su interior es depresivo. Tengo un libro de Freud sobre el chiste que habla de eso. Figúrense a mi tío: nació en un pueblito olvidado de Texas, Mafer, donde estaba escondido su padre, por ser asesino de profesión, se crio en casa de mis abuelos paternos a gritos y sombrerazos, nunca trabajó, tuvo un matrimonio bastante conflictivo, fue un auténtico chocarrero.

En eso entra otro muchachocho:

—Raza maguacatera.

—Este llega tarde, ni sabe de dónde viene, y debería de saber, lo de maguacatera.

—A ver explícanos, Fernando Garza Quirós.

—Ándale, así me llamo. El nombre viene de las semillas del árbol del ébano, natural de esta región. Al cocer las semillas en agua hirviendo recién maduradas, son comestibles y lo que tú gustes y mandes. A estas se les llama maguacatas, y los que se alimentan de estas semillas, gente descendiente de los indios nativos de esta zona, se les dice maguacateros.

—Hay quien dice que esas semillas producen más gases que los frijoles en bola y de ahí lo de maguacatera por pedorra.

—Entonces nosotros somos raza caguamera.

Tantarán tantán.

PACIENTE JOSÉ SALÁN MANZUR III

¿Cómo te imaginas el futuro?
Lejos.

A la Clínica Dental de la Garza llega don José Salán Manzur, a su consulta anual:

—¿Cómo estás? No me digas, no me digas, nomás vienes a tu limpieza, con esa dentadura que come puros kipes.

—De maravilla, ¿cómo estás tú? ¿Qué tal te salieron los zapatos que te compraste en la Zapatería Zalán?

—Muy bailadores. Todos me los chulean. Cómo saliste bueno para el comercio, ese día hasta con calcetines salí. Lo traes en la sangre, ya me dijiste que lo aprendiste en Detroit. ¿luego por qué dejaste a los gabachos? Si ya estabas conmadre y con tu familia.

—En diciembre de 1962 estaba muy bien establecido en Detroit, con la mayoría de mis hermanos y mi mamá. Viajé para acá a casarme. Hice solo todo el trayecto en mi carrito, con cinco mil dólares para la boda, cinco mil dólares en el banco, esperando poner un negocio en Detroit al regresar de la boda y mi carro último modelo. Llegando acá me puse a organizar la boda y los papeles de Blanca —se refiere a Blanca Rosa Manllo Rodríguez—, en el consulado americano que estaba aquí por Juárez esquina con Padre Mier.

—Viniste a lo que te truje chencha. ¿Ya estabas muy hecho a la idea de vivir en Detroit?, dicen que es una ciudad muy fea.

—Cuando yo vivía allá era una hermosura. Ahora se cayó muy feo el centro, se ha llenado de gente ociosa desde que empezaron a cerrar las fábricas de carros. Mis hermanas que aún viven allá, ya se mudaron a los suburbios. No era así antes. Estaba muy chiquillo cuando por fin me pude ir, tomé un taxi del aeropuerto a casa de mis tíos Pedro y Yamila, de camino le pedí al taxista que se detuviera en una llanta de veinte metros de diámetro que estaba en la entrada de la ciudad y me llamó la atención, se veía impresionante. En medio de la llanta había un contador que se movía por minutos, indicando los carros fabricados por las plantas de Ford, Chrysler y General Motors, más de nueve millones al año. La época de oro de Michigan.

—Órale, la capital del automovil. Tú venías a Monterrey a casarte y formar una familia allá.

—Sabaya, mi futuro suegro, me conocía de siempre, fue amigo de mi padre desde los tiempos en Tall Kayf, ya se había establecido de maravilla en Monterrey. Aceptó mi propuesta de matrimonio, pero me insistía para que me quedara en Monterrey. Me ofreció prestarme una de sus tiendas, la que estaba a cargo de Blanca, así repartía las tiendas el viejón, eran de él, pero se las daba a sus hijos para que las administraran. Yo venía decidido a regresarme a Estados Unidos. Allá estaba mi futuro, mi familia que tanto había tardado en reunir allá. Me los fui llevando de uno por uno, con el apoyo de los paisanos caldeos quienes me firmaban responsivas. Hasta que al final me dijo Sabaya: "Si no te quedas en Monterrey, no hay boda".

—Válgame. ¿Y qué hiciste?

—La tienda se llamaba "La Moda".

—Ja, ja, ja. tanta gente y te casaste con la hija del amigo y pariente de tu padre. ¿Cómo te fue con la tienda?

—Estaba muy bien puesta en la calzada Madero. En ese entonces la avenida del comercio popular, con tiendas, salas de cine y restaurantes en ambas aceras, ¿te acuerdas?

La avenida Madero, antes avenida Unión, es una de las arterias más importantes de la ciudad, desde los inicios de la industrialización. Se le llamaba "La Calzada" porque tenía un gran camellón en medio con jardineras floreadas, palmeras, andadores para que las familias se pasearan y bancas. La mantenían muy bien, era el paseo de las familias de los trabajadores.

—Claro que me acuerdo. Ahí llevaba a mi familia los domingos que no andábamos de pesca.

Antes se acostumbraba pasear con la familia por las avenidas, surtir a los niños con las prendas que ocupaban, comprar géneros (telas) para que las mamás hicieran sus vestidos. El tráfico era amigable con el peatón.

—Mi suegro me prestó "La Moda" por dos años. Tenía ventas de $700,000 pesos anuales. Después de la boda, la trabajamos mi viejita y yo con mucho ánimo. Zapatos que comprábamos a $30 pesos, los vendíamos en $55, los sombreros de $20, los planchábamos, los moldeábamos a la medida del cliente y los vendíamos a $80. Cuando le regresamos la tienda a mi suegro, vendíamos $1,500,000 anualmente. Más del doble.

—Te ganó lo enamorado, y como buen árabe, en el comercio. Digo iraquí, iraquí.

Tras haber entregado, con creces, la tienda prestada por su suegro, se le presentaba una difícil decisión: regresar a Detroit donde estaba su familia que él se había llevado, o aceptar el reto de poner una tienda en la zona de comercio más exclusiva de Monterrey. El plan siempre fue regresarse y seguir con el proyecto que tenía antes de casarse de poner un negocio en Detroit, pero el gusanito de la tienda y el no sé qué, que tiene Monterrey, le hizo hacer un arriesgado intento, se animó a poner la Camisería Zalán. Cambió del mercado popular al mercado de la moda, ligas mayores.

La calle Morelos era de tres carriles de una sola vía de poniente a oriente. De los tres carriles en dos se estacionaba la clientela quedando uno para avanzar.

—Entregando la tienda de calzada Madero y viendo la vida que podíamos tener aquí, busqué opciones de negocio y vi un local en la calle Morelos, pero no me lo quisieron rentar a mí. Ya estaba planeando el viaje de regreso cuando, de visita en una tienda de un paisano, me encontré con el vendedor de las camisas Manchester, me reconoció y me preguntó: "¿Qué andas haciendo?" "Preparándome para regresarme a Detroit". "¿Por qué no te quedas en Monterrey?, ya le aprendiste al negocio." "Le intenté. Hay un local en Morelos disponible, en la acera sur pasando el Sanborn's, pero no me lo quisieron rentar a mí", le dije. "Ya sé cuál es, lástima, te vamos a extrañar", me respondió. Nos despedimos, pero lo dejé pensando. Él me había visto trabajar. Ese mismo día me llamó Sabás Canavati para ofrecerme el

local, recomendado por los de Manchester. Ahí arranqué la Camisería Zalán.

Don José o tío Pepe, como le dicen los actuales locatarios de la zona, se conoce al dedillo la historia de cada uno de los locales de la calle Morelos: cuál era el giro, quienes eran sus dueños, quienes rentaban, quienes vivían ahí, quienes fueron heredando las propiedades, los negocios. Esto lo hacía intuitivamente, conocer la zona lo hacía ser mejor comerciante. Él llegó ahí en 1965.

—Te pusiste a vender camisas elegantes, compitiendo con la falluca americana.

—Vendía Mariscal, Manchester, Portefino, y de México me traje la distribución de Puritan y Catalina. Esas no se vendían en Madero. Chamarras Royalton, accesorios Hickok, encendedores Dupont y Colibrí. De los encendedores Colibrí me hice distribuidor exclusivo. Fui a México para que me enseñaran a arreglarlos y a mis clientes les daba servicio. No cobraba por arreglarlos porque los encendedores tenían garantía de por vida, dejando a mis clientes contentos y dispuestos a seguirme comprando. Así, había ventas que perdía dinero por el servicio, como cuando me pedían una medida urgente de camisa, que no tenía en existencia, y me la traía sin pensar en el costo del flete, por dar servicio.

—Ándale, pela'o, ¿cómo estaba la seguridad en ese entonces por esa zona? Acá por la zona de la Alameda, estaba muy tranquilo, pero éramos casi puras familias.

—Las tiendas estaban prácticamente abiertas de par en par, al caer la tarde se le ponía una llave a una pequeña chapa y listo. Ahora ni con cortina de acero te salvas.

—Como hemos cambiado. A ti te fue muy bien con la decisión de quedarte en Monterrey.

—Lo primero era lograr establecer la tienda de Morelos y a mi creciente familia,

En el 76 el dueño del local donde estaba la Camisería Zalán, don Sabás Canavati, decidió venderlo junto con los locales vecinos. Pedía 6.5 millones de pesos. Don José Salán, concideró que era un buen negocio, pero no contaba con ese capital, trató de juntar a un grupo de inversionistas para comprar los locales y así no perder el punto de venta que ya había desarrollado. En palabras de don José: "Ningún pendejo le quiso entrar". El dueño lo termino vendiendo a dos comerciantes en ocho millones de pesos. Los nuevos dueños le pidieron el local, para poner su tienda La Argentina, que sigue actualmente ahí vendiendo ropa elegante para caballero.

Para ese tiempo ya se había hecho de un buen terreno en la colonia del Valle, donde pensaba construir su residencia a la que se cambiaría con su familia, pero ese proyecto tubo que esperar hasta 1979.

—Para cuando me pidieron el local, ya tenía yo mis propios locales en la acera de enfrente, uno con la Zapatería Zalán y los otros tres rentados.

—¡A'dió! Si no tenías para rentar la tienda y luego ya eras dueño. ¿Cómo estuvo eso?

—Trabajando en el local donde pagaba renta, ya contaba con un capitalito, le había echado el ojo a la propiedad enfrente de la camisería, un edificio viejo de madera. Nadie le entraba por que el edifico estaba muy maltratado y la fábrica Almacenes Pozos, donde todavía fabricaban ropa en 1972, decía que tenía seis años de contrato a una renta muy barata, no le convenía al rentero. El dueño no me quiso vender a mí, le ofrecí dos millones de pesos. "Ya te dije que en dos millones quinientos y de contado". Me dejó hablando solo en la tienda de Casa Méndez. Le pedí a mi amigo Raul Califa que negociara con él y que le entráramos a medias, así sí quiso el viejo venderlo a dos millones, pero se me rajó Raúl, no quiso poner la otra mitad. Fui con el gerente de Banamex, donde tenía mi cuenta y un millón de pesos ahorrados. Se ofreció a prestarme un millón para la operación. "Échamelos antes de que te arrepientas". La operación la hice por medio de Raúl Califa porque el dueño seguía amachado en no venderme a mí.

—Saliste más terco que un regiomontano, hijo de la chin...

—Ya con el edificio lo que seguía era convencer al de la fábrica Almacenes Pozos a que desalojara para poder hacer la construcción de los locales. Al tiempo, con el apoyo del director del Banco Internacional, a quien conocí trabajando y me prestó sin garantías, logré construir cuatro locales. En uno puse la Zapatería Zalán y los otros tres los renté, eso fue muchos años después.

—Y sigue la mata dando.

—Para lo primero me tardé seis meses y para lo segundo me sucedió algo digno de contar.

—¿Más?

—Don Antonio Camberos, director del Banco Internacional (que después fue Bital y más tarde HSBC) llegó el dos de diciembre de 1973 a tocar a la Camisería Zalán a las once de la noche. "¿Podría venderme una camisa y ropa interior?, me preguntó. "Adelante pásele". Me cuestionó por qué estaba trabajando tan tarde. Le dije que por los adornos de los aparadores para la Navidad. Los arreglamos en la noche para no perder la venta del día. Un aparador cada noche. Y luego le pregunté: ¿usted, porque tan tarde buscando ropa? Me dijo: "Vine a ver el montaje de la sucursal del Banco Internacional y hoy perdí el vuelo de regreso a la ciudad de México, así que me regreso hasta mañana. A ver si le abrimos una cuenta en el Banco Internacional, está aquí cerquita" Nos caímos bien los dos. Meses después empezó operaciones el Banco y me visitó el gerente de parte del Sr. Camberos, abrí la cuenta con diez mil pesos.

—Cómo siempre, a los bancos hay que apoquinar.

—Más delante vino don Antonio a saludarme a la camisería y a agradecerme por la apertura de la cuenta. Estaba yo ya tumbando el edificio de Almacenes Pozos, cuando me dice "Lo que se le ofrezca del Banco". Le enseñé la propiedad, "Me falta dinero para la construcción de los locales". Con la pura firma me prestó tres millones seiscientos mil a sesenta mil por mes más intereses. Le pregunto: "¿Le hipoteco la propiedad?" "Gente trabajadora como usted hay que darle todo el apoyo, no es necesario". El crédito era a cinco años y lo pagué en tres.

Mientras el dentista se alistaba para hacer la limpieza, el paciente, que normalmente es callado, se deja llevar por la cálida atmósfera del consultorio, lo reclinado del sillón y la confianza del amigo:

—Fue lo que me tocó vivir. En aquel entonces qué otra cosa podía hacer: trabajar, cuidar a la familia, ahorrar e invertir en lo que estaba haciendo. Aunque no te creas, fue dura la decisión de quedarnos acá. Me fui llevando uno a uno a Detroit, menos

a mis dos hermanas mayores, que ya se habían quedado en la ciudad de México casadas. Y luego los dejé para quedarme acá en Monterrey. Seguí estando al pendiente, nosotros íbamos y ellos venían. Mamá se había quedado en casa de mi hermano Jesús y cuando vinieron a la boda de uno de mis hijos, en 1990, ya se quedó con nosotros hasta que murió en el 94, un día se quedó durmiendo siesta y ya no despertó. La disfrutamos mucho, era de carácter. Ella ya hablaba español pero se enojaba en caldeo.

—Muy calzonuda, igualita a las de aquí. Lo que me dices se oye fácil, pero platícaselo a las generaciones de ahora y no te lo creen, son más atenidos.

—No —dijo alargando el sonido de la —, ahora ya no es como antes: corrupción, delincuencia, desconfianza... En 53 años jamás me han devuelto un cheque por falta de fondos. Yo empecé a fincar nuestro hogar hasta que terminé con la deuda de los locales. Ahí está mi historial en el Banco Mercantil del Norte, un día me acompañas para que veas que me tratan igual que en el Sanborn's.

—Que no te oiga mi amigo el escritor porque te hace una novela, con tus andanzas en el comercio y si le platicas de cómo arreglaban matrimonios los padres allá en Irak.

—Y no te he platicado que a mi padre por poco le ganan a mi mamá. En el pueblo de Tall Kayf, en Irak, había otro competidor que también quería desposarla.

—¿Cómo terminó ese pleito?

—Mi abuelo ofreció cinco camellos más, así mi padre aseguró novia paisana.

—Ah, qué bárbaro, por cinco camellos estás hoy aquí.

Terminada la consulta:

—Listo, pela'o. Nos vemos cuando ocupe zapatos, si esperamos a que ocupes dentista, te va a atender mi nieto.

—Espero que no sea tan platicador como tú. Parece que vengo a la peluquería no al dentista.

—Pa' qué te haces el callado, si una vez que te encarreras no hay quien te pare.

Ya en la puerta seguían hablando:

—Me acordé de un paisano de Detroit, muy seco para hablar, que vino de visita y me pidió que lo llevara a la peluquería. Lo llevé con don Enrique, el mío de toda la vida. Los presento y don Enrique le pregunta a su nuevo cliente: "¿Cómo quiere que le corte el pelo?" "Callado".

—Ah, qué José. Por cinco camellos, eh.

Tantarán tantán.

PACIENTE ROBERTO ALEXANDER ERHARD III

No me vas a hacer enojar con tus preguntas.
¿Por qué no?
A que la, ya me hiciste enojar.

—Buenos días, Roberto, ¿listo para la tercera sesión?

—De hecho, la tercera es la vencida, Humberto.

—Así es, hoy sales de aquí listo para darle duro a la quijada. Pero antes no se te olvide mi sesión de historia de la frontera.

—Te debería de cobrar yo a ti.

—Sí, ¿verdad? No me has platicado de tu papá. Tengo bien presente a tu abuelo John y tu bisabuelo William, pero ¿tu papá?

—También *cowboy* texano y también tiene lo suyo. Era muy serio, de pocas pulgas, honesto y muy profesional, yo hablaba muy poco con él, con mucho respeto, así son los Alexander. A mí me ha costado mucho trabajo entender y hacerme cariñoso. Nosotros somos fríos, pero la familia necesita calor, me tuve que abrir, ¿para que vive uno?, para la familia, lo demás es material. Ahora soy muy cariñoso con mis hijos, con mis nietos, comemos todos los sábados.

—Me lo dices a mí que estoy rodeado de mis hijos. También los tengo en la casa todos los sábados. La familia es lo que nos va a regresar a los valores. Sígueme platicando de tu papá.

—Aquí te va una de él. Cerca de Palafox, de hecho, se cruzó una apuesta entre el hijo de un jefe de una de estas tribus y mi papá, a quien apodaban Johnson (hijo de John). La apuesta la cruzaron el jefe indio y mi abuelo John Baptist Alexander Dovalina. Los hijos, deberían de disparar a ciertos objetivos y cierta distancia. Al final mi papá terminó ganando el concurso. Esta historia me la contó mi tío Carlos Erhard González para demostrar lo diestro que fue mi padre como pistolero. ¡Ganarle a un hijo de un jefe indio!, todos lo supieron en la región. Carlos era el cuñado más joven de mi papá, fue criado por mis papás desde chamaco, desde que los papás de mi mamá, Carlos Eduardo Erhard y Teodosia González, se volvieron viejos y decidieron regresar a vivir a Monterrey, México.

Recuerdo que en el patio trasero de nuestra casa en Laredo había pistolas y blancos para practicar. Una tarde papá tomó mi rifle calibre 22 y me dio uno de esos cerillos de madera para usarlo como blanco, de los que tenían la cabeza roja con una punta azul para que encendiera al rasparlo con una superficie rugosa, del tamaño de 1/8 de pulgada. Me hizo dar pasos espaciados, esta distancia fue marcada hasta que él pudiera seguir viendo la cabeza del cerillo ya que, a esa edad ya usaba lentes. Inserté el cerillo en la horquilla de un árbol y me alejé, mi padre cortó la cabeza del cerillo al primer disparo: "Ponme otro para que veas que no fue coincidencia". Nunca lo vi fallar.

—¿Tú eres 100% güero?

—Estamos muy mezclados. Mi mamá, Bertha Erhard González, de madre mexicana y padre alemán de cepa. Hay toda una historia por parte de los Erhard, que apenas que necesite una endodoncia te la voy a platicar. Dos hermanos y sus familias llegaron de Alemania directamente a Galveston Texas, en plena guerra de independencia con México. Venían huyendo de Alemania y caen en una guerra. A los jóvenes Erhard los agarraron de "voluntarios" el ejercito texano. Luego te la platico.

—Me la debes, nos quedamos con tu mamá.

—Ella nació en Tampico y vivía en Monterrey, hasta que se casó con mi papá en Laredo Texas, que era de papá sajón de Escocia y de madre española.

—Más revuelto que unas miguitas, pero lo sajón te domina hasta en el acento. ¿Tú no saliste de rancho?

—Papá me llevaba al rancho, yo disfrutaba mucho la cacería y la pesca, pero el negocio del rancho no. Me acuerdo que ya entrando al rancho, camino a la casa, íbamos atentos a que nos saliera alguna liebre, él, sin parar el automóvil, disparaba su pistola automática Colt 45 desde el interior, sacando su brazo por la ventana del automóvil. De hecho nunca lo vi errar un disparo en distancias hasta de veinte yardas. Los conejos servían para alimentar al perro de caza que teníamos en el rancho, muy bien entrenado.

—Bueno para la fusca el viejón, y para la cacería. Fíjate que yo me fui más por la pesca. Tu papá se la vivía en el rancho.

—En otro rancho en 1939 por el viejo camino minero a Palafox, alrededor de una hora de camino desde Laredo, papá disparó con un rifle Winchester de palanca, de unos 30 años de antigüedad, a un venado que cruzó el patio corriendo. Disparó varias veces, dando todas en el blanco, el último tiro pegó en el cuello haciendo que el venado cayera al piso. En esa ocasión no estaba presente cuando sucedió, porque trabajaba los fines de semana en el teatro Royal, pero tengo una fotografía con el venado colgado de un árbol del patio trasero. Junto al venado aparecen en la fotografía mi mamá Bertha (Erhard) Alexander, y dos de mis tías.

»A papá lo invitaban muy seguido a las cacerías de venado para que les cazara para sus amigos, que eran prominentes figuras públicas de Laredo —agrega Roberto—. En algunas ocasiones mató hasta tres por día, con el entendimiento de que se dijera que ellos eran los que lo habían matado. En ese entonces había mucho venado. Papá rechazaba algunas de las invitaciones a la cacería, decía que pasaba mucho tiempo en el rancho y que necesitaba descanso del trabajo, anhelando descansar los fines de semana en Laredo con su familia, porque la vida de un ganadero es muy solitaria y dura.

—De a tiro eran de rancho, *cowboys*.

—Mi abuelo John Bautista tuvo mucho ganado. En una ocasión alardeó que podía poner dos vacas en cada durmiente de ferrocarril desde Laredo, Texas hasta Monterrey, México y que aún le sobrarían. El ferrocarril llegó a Laredo en 1881, de hecho, mi papá vendió parte de su propiedad para que pasaran las vías del tren e instalaran la estación.

»Papá toda su vida fue ganadero, de hecho por ahí de 1917, durante la primera guerra mundial, fue a Veracruz, a Tampico, Tamaulipas, y otras ciudades de México a comprar caballos, mulas y ganado para la Armada de Estados Unidos. Rentaba un rancho por un corto tiempo, en la zona donde localizaba buen ganado y comenzaba a comprar hasta que conseguía la cantidad adecuada para embarcar a los Estados Unidos.

En una ocasión rentó un rancho que daba a la costa del Golfo de México. Con una salida al mar lo suficientemente profundo para que se acercara un barco a la costa.

—¿Un barco?, ¿se llevó el ganado por mar a Estados Unidos o qué?

—Un barco, porque lo tenía que entregar más al norte, arriba de Virginia, así de aventado era para sus trabajos. Cuando la cuota del rancho ganadero se completó, comenzó el proceso de embarque. Los vaqueros llevaron los novillos a la playa. Estos eran capones, para que pudieran engordar bien con la pastura del norte de Estados Unidos y se vendieran mejor. En la orilla de la playa los lazaron por los cuernos y los iban jalando hasta meterlos al mar cerca de las lanchas que estaban a una distancia donde el novillo no se ahogara. Ahí les aventaban la riata a los de las lanchas para amarrarlas a un lado de ellos. Juntando unos seis novillos atados alrededor de la lancha, avanzaba flotando hacía el barco donde con cinchos de cuero y cables los subían hacia sus corrales. Tenía varias fotografías de esa operación, pero un día decidí que no eran valiosas y las tiré. Qué grave error, nunca me he sentido tan arrepentido, ahora guardo muchas curiosidades por si algún día pueden tener valor para mí o mi familia.

—Ah, qué bruto. Con razón me dicen que la historia bien contada te atrapa.

—Pero no todo fue bonanza, cuando yo tendría unos diez años, nos cayó una sequía que duro cinco. Se morían de dos a tres vacas diarias. Ahí aprendí a abrir animales a fuerza, me daba mucha lástima. A los que se iban muriendo les quitábamos el cuero, a veces me tocó uno ya de varios días de muerto y con todo y la apestada había que quitarles el cuero, era lo único rescatable para vender. Se me hace que ahí se me quitaron las ganas de ser *cowboy*. Ya en Monterrey seguía practicando la cacería, tenía escuela. Nos íbamos a la sierra atrás de Villa de García. Ahí había liebres y coyotes muy difíciles de cazar. Como le decimos al amigo mañoso, "es una liebre muy lampareada".

—Aquí le paramos, pero a ver cuándo seguimos platicando, tengo varios pacientes que les encantan las historias, incluyendo a un escritor.

—Pues tú dices, yo encantado, tengo mucha información, cuando gustes nos juntas en un café. Ya ves que yo empiezo y no hay quien me pare.

Tantarán tantán.

EL TÍO ANDRÉS

Si dos o más no están de acuerdo contigo,
date una checadita.

Aparte de nuestro dentista y sus pacientes, permíteme presentarte al tío Andrés Martínez Farías. Te lo entrego en siete capítulos y espero que al final estés de acuerdo conmigo en que debe de ser parte de nuestra historia reciente:

Hijo de la tía Lupita, María Guadalupe Farías García y del tío Daniel Estanislao Martínez Sada, quien fuera entrañable primo, amigo, compañero, casi hermano de mi abuelo materno Arturo Martínez Calzado:

Nació cuando sus padres tenían 32 y 28 años, respectivamente, en una casita de piedra de dos cuartos —una recámara de seis por seis y la cocina—, y el monte como patio. Este formaba parte del rancho Xóchitl (la reina de las flores), propiedad de la familia de su papá cerca de la Estanzuela, un parque natural a las afueras de Monterrey, camino a Tampico.

Ahí vivieron hasta que el pequeño Andrés cumplió cinco años.

Su papá, el tío Daniel, se dedicaba a comercializar leña que se producía en esa región para venderla en la ciudad. Andrés no nació en Monterrey, como sus otros dos hermanos mayores. El río Santa Catarina estaba crecido y su papá no se animó a cruzarlo para llevar a su esposa al hospital. El tío Daniel había sufrido un accidente en ese río hacía poco, se lo llevó la corriente cruzando a caballo, lo sacaron en la desembocadura de la fundidora, les dio un buen susto.

En 1938, año de la arrastrada de su papá y su nacimiento, se presentaron varias crecidas del río. Había dos cruces regulares, uno a la altura de la fundidora y otro por el puente San Luisito que se fue con la corriente en la terrible inundación del año siguiente, 1939 [15].

Una tarde vamos la Chavela y yo a visitar al tío Andrés a la quinta de Villa de Juárez:

—La casita donde nací —nos cuenta el tío— era parte del rancho de mis abuelos paternos y estaba entre dos ríos: el Calabozo y el arroyo de la Virgen que en esos tiempos siempre llevaban agua. Mis primos y yo los considerábamos como parte del traspatio de mi casa. Desde Valle Alto hasta las huertas del cañón del Diente, pasando por las minas de San Pedro y San

---

15 Después de la inundación de 1909 los periodistas Oswaldo Sánchez y Alfonso Zaragoza hicieron un estudio: "el llamado Potrero de Santa Catarina (La Husteca), siempre ha constituido una amenaza terrible para Monterrey al no tener otra desembocadura que el río del mismo nombre. A él convergen las corrientes de treintaydos cañones que rápidamente descienden de las serranías, aparte de las abundantes aguas que en la época de lluvias bajan, también con rapidez, de El Pajonal y Las Palomas. Todas las aguas procedentes de la parte Oriente, vienen al cauce del mismo río, aumentando su corriente de extraordinaria manera como sucedió ahora (1909) como ha sucedido siempre. El 28 de agosto de 1938, 29 años después de la inundación del 09, nuevos aguaceros provocaron desbordamientos del Santa Catarina inundando el corazón de la ciudad. Las corrientes llegaron a la calle Hidalgo a la altura de la Quinta Calderón y las zonas aledañas como la colonia El Mirador.

Pablo. Creíamos a pie juntillas que todo era del abuelo Daniel Martínez Muguerza, hermano de tu bisabuelo Arturo.

—Qué vida y que recuerdos. Cómo hemos cambiado. Tu abuelo y mi bisabuelo eran de monte —le digo.

—En el rancho del abuelo la mera jefa era mi abuela, doña Elisa Sada García, te recalco lo de doña porque eso era: DOÑA con mayúsculas, con todo y que mi abuelo era señor de los de antes, le tenía miedo a su vieja.

—Ándale, como decía un ranchero: "Yo con ustedes soy muy macho, pero llego a la casa y los estos los cuelgo en el perchero que tengo en la entrada".

—La abuela era un poquito argüendera, por lo Sada, y muy platicadora. Con el suero de la leche de las vacas del abuelo, y las sobras de la comida, mantenía lo que ella llamaba sus alcancías, un criadero de marranos.

—De ahí viene decirles cochinito a las alcancías —le comento a Chavela—. Las familias en sus casas engordaban un marranito para venderlo cuando enfrentaran alguna necesidad, era su ahorro.

—Marranito, pero los de mi abuela no eran madrecitas. Decía que eran tan grandes que les tenía hecha una rajada en el lomo y de ahí sacaba a diario la manteca para sus comidas, guisos y postres, no le faltaba. Nos platicaba que cuando entró Pancho Villa a Monterrey, decidieron huir a Ciudad Guerrero, Tamaulipas, de donde ella es originaria, y mandó a don Onésimo, su mozo de cuadra, su hombre de confianza, un indio michoacano como de dos metros de alto, a ensillar los caballos para salir de madrugada. Decía que ella sentía el trote de su penco un poco pesado. Al ir clareando el día, con la luz, pudieron ver que iba montada en uno de sus marranos. "Así de grandes eran", concluía.

Entre risas, me estoy imaginando a su abuela, norestense como las señoras de antes, que quizás les pasaban algunas cosas a sus maridos, como sus parrandas fuera de su casa, pero en su casa ellas mandaban y se hacían cargo del quehacer, de los niños y del cuidado de sus viejos, ayudaban a la comunidad y, por si fuera poco, con la producción de alimentos para el autoconsumo o huerto y granja familiar. Casi la veo, aprovechando la descripción que su nieto hacía con burla: "Era más ancha que alta". Él siempre se ha sentido diferente a sus dos hermanos mayores, ellos nacieron en el hospital Muguerza de Monterrey, se consideraban citadinos, en cambio él nació en el rancho. Para acabarla, su mamá decía que enterró su cordón umbilical a un lado de la estufa, gracias a eso es muy buen cocinero.

—Les hice unos bísquets, pruébenlos. —Nos invita el tío—. Están muy buenos, son mi especialidad. Bueno a ver qué dicen ustedes.

—Se ven bastante buenos, ahorita los probamos.

—La mamá de tu abuelo Arturo, la tía Tachita, enviudó joven. Por eso el tío Arturo se crio con su primo Daniel, mi papá. Mi abuelo, también Daniel, era mayordomo de Cervecería. Como él traía todas las llaves de la fábrica, nosotros creíamos que era el dueño. Mi papá no trabajó en Cervecería ni en la lechería de la familia, por instrucciones de mi abuelo, con un directo: "Búscale tú", quien construye su propio camino, conoce su destino.

La Chavela y yo seguíamos admirando el jardín, que tenía árboles frutales de todo tipo: naranjos, mandarinos, limones, nogales, higueras; flores, y sobre todo cactáceas, las favoritas de su esposa. Hay plantas que los han acompañado muchos años, de casa en casa, trasplantándolas.

—Qué fresco está aquí. Está fregona la terraza, es un paraíso —comento tras probar los *biscuits*—. Entonces el tío Daniel, se las tuvo que arreglar solo.

—Empezó comercializando leña en Monterrey, la cual cortaba, con algunos chalanes, en la sierra. En ese entonces se usaba mucho. Había pocos hogares con estufa de gas, que había comenzado a entubarse apenas unos ocho años antes. Luego encontró proveedores en Tamaulipas, de donde traía la leña y carbón en carretas. Papá y algunos tíos decían que la Loma Larga estaba pelona porque la raza había cortado los árboles para la leña. A mí ya me tocó pelona, pero puede ser.

El crecimiento de Monterrey en el inicio del siglo XX fue exponencial. Pero todavía rondando 1930 seguía siendo un pueblo bicicletero, de tardes de banquetas y de estufas de leña. La creciente industria demandaba gas, que Gas Natural México ya no podía surtir [16], los industriales se juntaron buscando soluciones, decidieron traer el gas entubado de Texas. Las estufas y calderas de leña cambiaron su combustible a gas, el tío Daniel se quedaba sin mercado. Como proyecto para aprovechar la piedra que soltaba la sierra al cortar la leña había

---

16 En 1944 Gas Industrial de Monterrey fue creada para importar gas de Estados Unidos por los industriales de Monterrey Jesús Barrera, Eugenio Garza Sada, Roberto G. Sada y Guillermo Prieto, después de que fueron avisados, un año antes, de la incapacidad del gobierno, a través de Gas Natural de Monterrey, de seguir incrementando el suministro para satisfacer la creciente demanda del hidrocarburo en las industrias de la región. En 1947, con don Genaro Cueva Dominguez al frente del proyecto, quedó conectado el gasoducto con una capacidad de 2,000 metros cúbicos por minuto.

comenzado a producir algo de cal. Con su mercancía, la leña, hacía lumbre para calentar las piedras que producían la cal, pues las empresas, ya con gas, aumentaban su demanda. Así una crisis lo llevó a una oportunidad y con ello la bonanza.

—Cuando crecimos nos vinimos a vivir a Monterrey para ir a la escuela. Mi papá compartía oficina con su primo Arturo, quien comenzó la fabricación del polvo para hornear Rexal, que después lo hiciera crecer tanto. Siempre fueron uña y mugre aunque mi papá, más austerón; al tío Arturo sí le gustaba lucir. Tu abuelo, en cada casa a la que se cambiaba, hacía una pileta para refrescarnos en las tardes. Nosotros le insistíamos a papá que nos hiciera una. "Pa' qué, sí tu tío Arturo ya tiene, vamos para allá", nos decía. Todos nos decíamos primos, no sabíamos si éramos primos hermanos, segundos o qué. Parecía que se ponían de acuerdo las señoras para tener hijos. Fíjate: Nacho Martínez Martínez, Jorge Boughton Martínez, Luis Martínez Garza, Hugo Martínez Fernández y yo, Andrés Martínez Farías, de la misma edad, nacimos seis Martínez en el mismo año en la misma ciudad. Y ninguna familia era gastadora, con decirte que cada año heredábamos la ropa de nuestros hermanos o primos mayores, así se iba pasando.

El Beatriz Zertuche

—A la señorita Beatriz Zertuche, fundadora del jardín de niños que lleva su nombre, ya la conocía. Era muy amiga de la familia Llaguno Farías, familiares nuestros —nos comenta—. Ellos tenían la Quinta Santa María, donde nos veíamos los domingos.

—Después, las familias Llaguno se cambiaron a vivir ahí, a mí me toco también convivir en esa colonia de tantos primos. ¿Cómo era la maestra?

—No creo que midiera más de un metro cincuenta, era regordeta, de ojos azules que echaban chispas de energía. No era tan grande, quizá unos treinta años, pero se le marcaban arrugas de expresión en la frente. Se me quedó grabado que decía: "No salgas de tu casa ni llegues a la ajena con la vejiga llena". Me estás sacando recuerdos escondidos.

—Échale, échale, vienes de bajadita.

—Desde antes de ser su alumno se hacía sentir como maestra con todos sus "sobrinos". En las navidades ella organizaba los villancicos, las pastorelas y obras de teatro que hacíamos para diversión de todos. Conforme fuimos creciendo, en la casa íbamos entrando al Beatriz Zertuche. Yo entré a los tres años.

—Tan chiquito.

—Porque daba mucha lata, era muy chillón. A la escuela llegué ya sabiendo leer, pues mamá me enseñó con el *Selecciones del Readers Digest*. Fui el más chico de la casa, el coyotito. La escuela estaba en Padre Mier casi con Mina, una casa ya antigua para entonces. Los salones estaban en el segundo piso. En el primer piso el papá de la señorita Beatriz Zertuche tenía, con manerales, engranes y un pistón, una máquina increíble que hacía botones de concha nácar, que luego surtía a todas las mercerías de Monterrey. Pero ya me desvíe del tema otra vez.

—Orale, ¿él hizo la máquina?

—O la mandó a hacer, pero estábamos con el jardín de niños. Arriba, una terraza unía los tres cuartos, tenía un barandal de fierro forjado muy bonito que dejaba ver el patio de abajo con todos los árboles que era común ver en las casas de Monterrey:

naranjos, limones, granadas, duraznos, mandarinos, dos higueras y, desde luego jazmines.

—Seguramente alguna planta de piquín.

—Sí, el chile piquín tampoco podía faltar y que servía para
demostrar la hombría entre la palomilla. El techo tenía vigas de
madera que permitían ver las losetas de barro que de seguro
arriba estaban cubiertas con escoria amarrilla de la fundidora.

—Pura contaminación. Entonces la escuela tenía tres
salones.

—Dos, con los niños revueltos desde sonidos hasta unas
niñas grandotas de sexto año.

—¿Cuál era el grado sonidos?

—Éramos los más chiquitos, equivalente a maternal. Todavía traías sonaja, pero ya no usabas pañal. Por ahí me sentaron
entre mis hermanos y un montón de primos y primas. Ahí
conocí los libros el *Poco a Poco*, el *Oriente* y el *Corazón, diario
de un niño* [17]. Aprendí que una nube era una masa de vapor
suspendida en el aire.

—¿Cómo era el conocimiento que te iba llegando cuando
eras niño? —le pregunto.

—Estudiábamos español, gramática, geografía, historia universal, historia sagrada e inglés.

—¿Todo al mismo tiempo?

---

17 *Corazón, diario de un niño*, escrita por el italiano Edmundo de Amicis en 1886 es una
de las obras más leídas a nivel mundial. Cuenta, en forma de diario, las vivencias de un
niño italiano en su escuela, con sus compañeros de clases, las cartas de sus padres y
algunos cuentos cortos. Con imágenes de sacrificio, destacando los valores familiares,
humanos, espirituales y el patriotismo.

—Y con gran eficiencia. Pero eso era miel sobre hojuelas, ya llegábamos a la escuela habiendo aprendido a leer de corrido en casa, hasta que daban las diez de la mañana y tomaba las riendas la señorita Beatriz Zertuche. Nos formaban en un círculo a toda la escuela, unos veinticinco alumnos de todas las edades. La señorita, con un abanico de mano, con el que se echaban aire las mujeres. Este tenía un dibujo de Pedro Infante de un lado y de Jorge Negrete por el otro. Nos iba señalando y diciendo: dos más dos, y el pobre señalado tenía que dar la respuesta temblaba "cuatro". "Más dos", y la que seguía era señalada con el tremendo abanico y tenía que contestar "seis". Todos teníamos que ir llevando la cuenta, nadie quería equivocarse, hacer que empezara el círculo otra vez, y todo mundo se enteraba de lo burro que eras. Las operaciones se iban complicando con los días: sumas, restas, multiplicaciones, divisiones. Método infalible, me consta. Los sobrevivientes que conozco hacemos operaciones de tres dígitos más rápido que una calculadora.

—Cómo mi papá, hasta la tabla del doce la hace de memoria —comento.

—¿Ves? Si te equivocabas o te agarraban distraído te ponían unas orejas de burro y te sentaban en un banco viendo hacia el rincón, para ser la burla de tus compañeros. Los más traviesos que pasábamos tiempo castigados, viendo la pared, le íbamos rascando en las uniones de los sillares con un lápiz, emulando a Edmundo Dantes, el Conde de Montecristo. Quizá subconscientemente queríamos escapar de aquél increíble círculo matemático. Así la señorita Beatriz Zertuche era temida y adorada por los que fuimos sus alumnos. Severa con el castigo y dedicada para enseñar y aconsejar. "Estudia, sé educado, di por favor, da las gracias, respeta a los mayores, cuida a tus amigos".

—Reglas básicas de convivencia que hoy extrañamos. Qué valor de mujer.

—La seguimos viendo muchos años. Debe estar en las fotos de primera comunión, quince años y en las bodas de casi todos nosotros. De seguro ella nos veía como sus hijos. No le decíamos tía, ni mamá, ni abuela, con cariño la llamábamos la señorita Beatriz Zertuche Elizondo.

Creciendo junto con la ciudad

—Todo era más sano —nos cuenta—. En las tardes nos íbamos caminando hasta una fábrica de fritos, que no tenía nombre. Nos vendían la pedacera de los fritos que hacían con manteca de puerco en un perol. Con veinte centavos nos daban un bolsón de celofán. En frente del templo de San Luis Gonzaga estaba la casa de las Uranga, vendían unas tabletas de chocolate que ellas hacían. Comprábamos una y nos regresábamos a casa de alguien para hacer el mejor chocolate caliente del mundo: batido con molinillo, en leche hirviendo. De ahí nos íbamos a la calle Juárez y Padre Mier, donde estaba la tienda Sears, a ver los juguetes. No comprábamos nada, no teníamos dinero, pero disfrutábamos mucho verlos. Los domingos íbamos con la familia Llaguno a la quinta Santa María, a veces nos llevaban a la Quinta Calderón, una propiedad bien arbolada pegada al Obispado, a orillas del río Santa Catarina.

—Cómo no, donde ahora está el restaurante El Tío, ahí participé en los tianguis "Todo Local" que hicieron hace unos años. Los domingos ofertábamos productos de pequeños productores de la región. Fue un paseo muy concurrido por las familias de tu generación.

—Lo mejor era que juntábamos las monedas para podernos subir a un carretón estirado por dos chivas. Te cobraban la vuelta, pero nos podíamos subir unos cinco niños juntos.

»En Monterrey vivíamos en la calle General Anaya casi esquina con Cuauhtémoc. En la mera esquina estaba la planta de luz Bellavista, donde ahora están las oficinas de la Comisión Federal de Electricidad, pegada a Cervecería. Era una casa de las de antes, antigua propiedad del coronel Robertson, de ladrillo rojo, con muchos pasadizos por todos lados, de dos pisos y una buhardilla (ático) que luego se convirtió en el cuarto de "Candingas": un monstro imaginario con el que nos amenazaba papá si nos portábamos mal con mamá. Atrás, la casa tenía un solar muy grande como de unos 5,000 m2 donde papá tenía los camiones viejitos de tres toneladas, modelo 36, utilizados para transportar el carbón y la cal. Había ahí, como en la mayoría de los solares de las casas de entonces, una enorme noria con un diámetro en la superficie muy grande que se iba ensanchando con la profundidad. Esta era de unos 15 metros en la superficie y otros 20 metros de fondo para llegar al agua. Papá la tenía tapada con láminas y madera a fin de que no nos metiéramos, teníamos prohibido acercarnos. Aconsejados por mi hermano Daniel, nos metíamos sin permiso, bajábamos la vereda inclinada y circular pegada a la pared. Lo hacíamos corriendo por instrucciones de Daniel, para que no nos cayéramos al pozo. Si bajábamos despacio nos caeríamos. No conocíamos las leyes de la fuerza centrífuga, pero las utilizábamos.

—Uf, qué aventuras. Ese tipo de noria es como la que sale en la película del Fauno. Se hacían en espacios abiertos y sin maquinaria, manualmente se iba escarbando en forma de cono.

—Nosotros de traviesos. A esa casa nos llegaban costales con granos de maíz. A mis hermanos y a mí nos mandaban caminando cargando el costal de granos de maíz, ya hervidos, hasta el molino de nixtamal que estaba al poniente casi terminado la calle, digamos un kilómetro. La molienda la cobraban a un centavo el kilo, y había que esperar a regresar con la maza para que en la casa hicieran las tortillas y el pan. A papá había que regresarle el vuelto completo, cómo no. Si no se juntaban kilos completos, el encargado del molino tenía una hachuela para partir los centavos y así regresarnos un medio o un cuarto. Y ahí íbamos pa'atrás, con la maza y el vuelto, bien cansados.

—Órale, ¿una hachuela?

—Es una especie de cuchillo alto, como un hacha más chica.

—¿Y que hacían con los centavos partidos?

En ese entonces había monedas de uno y dos centavos que eran de uso corriente.

—Los que nos partía el molinero se los llevábamos para pagar la siguiente molienda. Antes de entrar al Regio (Instituto Regiomontano, Lasallista) nos cambiamos a Degollado e Hidalgo, lo suficientemente cerca de la escuela para irnos y venirnos caminando. A un lado vivía el Macizo, quien tenía un molino de nixtamal donde comprábamos las tortillas. Nosotros así le decíamos, repetíamos lo que oíamos. Después supimos que le decían el Macizo desde que se casó con una viuda rica.

Yo estaba muy entretenido en la plática, disfrutando la tarde al aire libre y, de cuando en cuando, me saca una carcajada.

—Muy vivo el señor.

—Es lo que debería de hacer yo —se ríe también—. Por si saben de alguien, no me descarten.

—Entonces mi abuelo y tu papá crecieron juntos y ustedes y mis tíos también —le digo.

—Así fue, todos nos conocíamos. En casa de tus abuelos no faltaban las gorditas de harina. La tía Olga, tu abuela, hacia muchas recetas con Rexal, que publicaba todos los días en el periódico El Norte. El periódico de aquí era el Porvenir, luego la familia Junco de la Vega, abrió El Norte.

El polvo para hornear Rexal, es un complemento de la harina, el primer producto de la empresa Productos Mexicanos, la fábrica que fundó mi abuelo, antes de casarse, después de haber trabajado en ventas desde su niñez para mantener a su mamá y a su hermana; primero vendió cigarros, hasta llegar a una agencia de autos. El Rexal se usaba mucho en las casas cuando las señoras hacían las gorditas de harina y los pasteles. Ahora, si nos va bien, nos dan tortillas Tía Rosa y pastel de la Lety, y nos mandan a trabajar con dos yemas, las de los dedos.

Seguíamos disfrutando del jardín de la quinta. No hay como una charla en confianza para reanimar el alma. Los recuerdos, las experiencias son para compartirse, y lo estábamos haciendo a la antigua, platicando al aire libre, sentados a la sombra de un árbol.

—Esa empresa la hizo sola el tío Arturo. Los primos compartían oficina al principio, pero mi papá era de tierras, de minas.

—¿En qué fechas estamos?

—Yo tendría unos cinco años, en 1943 —me dice—. Tus abuelos vivían en 5 de Mayo esquina con Venustiano Carranza.

Tenían un perro muy famoso en la cuadra, tu abuelita lo quería mucho, el Duque.

»Pasábamos los fines de semana en algún rancho, o cuando había boda en la ciudad, nos juntaban a la primada a dormir. Antes de dormir yo les contaba cuentos. Siempre fui bueno contando historias. Algunos creen que digo mentiras, pero todo me pasa ¡eh! Así me ha ido, y me siguen pasando. Luego te platico lo que me pasó con un doctor vecino que vive en una de las quintas de por aquí, no te la crees.

—Qué padres recuerdos. A nosotros todavía nos tocó un poco de ese Monterrey, en donde todos se conocían y andábamos juntos para todos lados. Alcanzamos a disfrutar del monte, del ruido de las chicharras que empezaba al atardecer, y más nochecita aparecían miles de luciérnagas sincronizadas.

—Uff, las chicharras, su sonido es la infancia. Tienen dos volúmenes, cuando te concentras en oírlas puede ser ensordecedor, cuando pones atención en otra cosa, como la plática, parecía que bajan el volumen, te arrullan.

—Había tiempo para eso, atender a las luciérnagas, contemplar atardeceres, platicar. Regresando al tío Daniel, tu papá, ¿cómo pasaron de la leña a la cal? ¿Cómo empezó la famosa calera?

—Parte de la leña que cortaban en la Estanzuela la empezó a usar papá para quemar piedra para producir cal. Esta la vendía a Hojalata y Lámina por ahí de 1941 —me explica—. Con la asesoría de mi abuelo, osea su suegro, Juan Farías Hernández, hizo unos hornos que instaló en las faldas del cerro de la silla. Ahí cortaban la piedra utilizando dinamita y la fuerza bruta de los trabajadores, para ahí mismo quemarlas en los hornos donde obtenía la cal. El Norte le sacó un periodicazo: "No sólo destruye el cerro de la Silla, monumento nacional, además, en el colmo del salvajismo, quema las piedras que extrae".

—Desde entonces había esa cuestión de la opinión pública. Al ver y hablar de las notas de los periódicos. ¿Qué hizo tu papá después del periodicazo?

—Seguir chambeando. Las fábricas demandaban cal, alguien tenía que producirla. Yo desde chico siempre fui de trabajo, acompañaba mucho a papá en sus jornadas. El olorcito del carbón y la blancura de la cal son sensaciones que marcaron mi vida.

—Has de tener muchas anécdotas.

—Esta nadie me la cree, pero es cierto. Te digo que toda mi vida me han pasado cosas que parecen cuentos. Cuando tenía unos quince años andaba con los trabajadores en las faldas del cerro de la Silla. En uno de los socavones que se iban formando al ir sacando la piedra, ¡que van desenterrando un mamut fosilizado! Les pedí que no lo tocaran mientras iba a avisarle a papá. Cuando le conté lo del mamut, su primera reacción fue preguntarme si estaba vivo.

Estalla en carcajadas.

—¡Ah, su madre! ¿un mamut?, ¿de los de las cavernas?

—De esos meros, yo lo vi enterito, bueno, se asomaba sobre la tierra una parte. Le platiqué mis planes de involucrar a un profesor del Tec, el Ingeniero Víctor Du'solier, responsable de la cátedra de Historia de México, quien había participado en varias excavaciones arqueológicas en el sur del país. Yo ya me veía en la portada de National Geografic.

—Pos no era para menos, ¿qué te dijo el tío Daniel?

—Él se quedó callado, nada más se me quedó mirando. Algo me imaginé, aunque era de pocas palabras, noté que no le gustó la idea. Regresé dos o tres días después a la pedrera. En el lugar encontré un gran hoyo, ni una pisca del mamut. Papá juntó todos los explosivos que había y dinamitó el lugar. "Si traes a esos entacuchados estudiados y encorbatados nos van a expropiar la propiedad". Nuca se volvió a mencionar el mamut del Cerro de la Silla. Es cierto, yo lo vi.

—¿Estaba bien conservado?

—Lo que se alcanzaba a ver, sí. Debió haberse caído a un lodazal y al secarse se momificó. ¡De veras!

—¡Qué grueso, debe de haber más!

Después de terminar la secundaria en el Regio, estudió en el Tec (Instituto Tecnológico y de Estudios Superiores de Monterrey), se graduó de Ingeniero Mecánico Administrador en 1962, tardó un poco ya que combinaba el estudio con el trabajo, bueno eso dice él. Como ven, un muchacho normal de Monterrey, kinder en el Beatriz Zertuche, primaria y secundaria en el Regio, carrera en el Tec, trabajando en la empresa familiar, casado y con hijos. Parecido a lo que me ha tocado vivir a mí.

—Me tocó estudiar con tu tío Enrique, un genio, creo que él estudió dos carreras. Era muy independiente —me dice—. Nosotros venimos de una educación donde los adultos tienen la razón. La clase se daba sin discusión. Enrique les cuestionaba todo. Me acuerdo una vez que un tío nos empezó a contar como si supiera, nada más porque era mayor, hasta que lo interrumpe Enrique: "Usted cree que está hablando con puros pendejos". Era rebelde. Esa manera de exigir, de exigirse, lo llevó a ser lo que fue.

¡Elinge!, el tío Andrés fue compañero del tío Enrique Canales, yo voy atando cabos y él nos sigue platicando, encarrerado:

—Por eso dejé de ir a la Iglesia. Te tocan algunos padres diciendo una bola de cosas, y no les puedes contestar; son dogmas.

»En el Tec las clases eran sin participación del alumno, nosotros solamente aprendíamos. Nos tocaron buenos maestros, eran empleados de don Eugenio. Como trabajaban y daban clases, estas eran más prácticas que teóricas. Tu tío Enrique repelaba mucho porque las clases hablaban del deber ser, de procedimientos preestablecidos. Él decía que eso mataba a la innovación, "todo el que sigue reglas no se equivoca, pero no mejora". Y le agregaba: "innovar, investigar, mejorar".

Seguimos en el jardín de la quinta de Villa de Juárez, la tarde se va despacio, en eso nos vienen a visitar el perrito faldero, no de buen ver, "cruzado con de la calle", como dicen, y uno de los gatos.

—Tienes perros y gatos conviviendo, entrando y saliendo por el jardín.

—Siempre fui adoptador, en mi casa vivieron varios sobrinos en su juventud. A Fierabrás[18] lo saqué de la perrera antes de que lo ejecutaran. Es muy curioso, pero el tiempo pasa y se va pareciendo más a mí, me refiero al carácter.

—Me hiciste acordarme de un libro de Susana Tamaro.

—Muy buena escritora, ¿cuál libro?, ¿el de la abuelita que le escribe a la nieta? Andas muy nostálgico.

---

18 Fierabráz, del francés Fier-á-bras, brazo bravo. Personaje de muchos libros de la Edad Media. Gigante, hijo del emir Balán, con quien saqueó la ciudad de Roma en el año 846.

—Ese mero. La abuelita le escribe a la nieta sobre su perro. Le explica que las personas ven tantas cosas reflejadas de ellos en los perros, por eso la mayoría no los quiere.

—Y tiene razón. Junto con Fierabrás me traje una perrita media salchicha, pero a esa la atropelló el muchacho que contraté para ayudarle a Nora mi esposa, con el jardín, junto con Jacinta, quien me asiste a mí en la cocina y el cuidado de la casa. Así que estoy bien atendido, aquí no me falta nada.

Trata de convencerse de seguir viviendo en la quinta, sabiendo que sus hijos no están de acuerdo que se quede solo, lejos de "la civilización".

—Hemos cambiado mucho de como era antes. Si de mi generación pa' acá hemos perdido identidad con este desarrollo. Ya me imagino lo que sienten ustedes al recordar su infancia.

—A nosotros nos enseñaron a ser estrictos pero justos, así nos trataron, así tratamos a nuestros hijos. Intentamos, pero algo falló, si no por qué cambiarán tanto los valores. Ahora todo es a ver quién friega a quien. La lana por delante, el dios dinero.

El amor de su vida

La conversación en la terraza de la quinta de Villa de Juárez, un Edén, se traslada. Hablamos ahora de Nora Bremer Gómez.

—¿Cómo conociste a tu esposa, con la que compartiste tantas cosas?

—Es Bremer, de Alemania. Su familia puso la Botica Bremer, traían las medicinas y las sales de allá. Uno de los productos

que más vendían era el láudano [19], los señores hacían que se lo recetaran a sus esposas cuando daban mucha lata. Era derivado del opio, y qué menstruación ni que nada, las mantenía calmaditas. Hubo casos de señores que decretaban a su mujer enferma y la mantenían en la casa, sin salir. Como a un tío al que le decíamos la tortuga, por que dormía con Concha —se ríe de su broma—. Concha estaba viuda, pero él no. Por fin enviudó y se casó con Concha. A él no le decían nada, tenía mucha lana.

»En aquellos años nos íbamos caminando toda la calle Hidalgo hasta la fundidora, ahí cruzábamos el río Santa Catarina para llegar hasta la Estanzuela, a algún otro parque, o subíamos al cerro del Mirador, donde había algunas casas de campo. En una de esas caminadas, llegamos a la casa de los papás de Nacho Martínez en el Mirador y ahí vi a esta güerita. Yo tendría unos trece años y ella nueve, unos güercos, no se nos olvidó a los dos.

»La Botica Bremer quebró, después llegaron los Benavides, con el boticario Felipe Benavides, el abuelo de los que vendieron hace poco las farmacias a los chilenos. Los Bremer pusieron una nevería, pero solo alcanzaba para uno de los hermanos. Mi futuro suegro se fue a Nuevas Casas Grandes, Chihuahua, a trabajar en un aserradero, pero allá era un pueblo, así que al ir creciendo sus hijas las regresó a buscar marido a Monterrey.

---

19 El láudano (del latín ladanu) tintura alcohólica de opio. Preparación compuesta por opio, vino blanco, azafrán, clavo, canela y otras sustancias; usada con fines medicinales en drogas patentadas durante el siglo XIX. Se usaba para reducir dolores, desde el de la salida de los dientes en los niños a los del cáncer y otras enfermedades terminales; para adormecer, combatir la ansiedad, para el tratamiento de la diarrea y eliminar la tos, desde una simple gripe a una tuberculosis. Su principio activo es la morfina.

»Años después, en nuestra juventud, Nora llegó de interna al Sagrado Corazón de Jesús. Nosotros ahí nos la pasábamos afuera de la escuela de las niñas. Íbamos a ver a las muchachas. Les aventábamos cartas por la ventana, les chiflábamos. Una vez, ayudado por mis amigos, me vestí de mujer con la intención de entrar a ver a una de ellas, se armó todo un relajo.

—¿De mujer? ¿Cuantos años tenías?

—Yo ya tenía 19, pero no era bueno para hablar con las muchachas. Logré entrar y me di cuenta de que estaba la güerita que había visto años atrás en el Mirador. Cuando cumplió quince años le llevé serenata a casa de su abuela, quien me corrió con todo y músicos.

»El papá de Nora se regresó de Chihuahua, no se halló allá, y la familia se instaló en una casa de la colonia Del Valle, en la calle de Guadalquivir. Un día me animé a ir a tocarle la puerta, con tan mala suerte que me abrió el futuro suegro. Tenía, entre los pretendientes de sus hijas, fama de matón, un señor alemán serio, serio. A la mamá de Nora le decíamos la Manguera, tenía puros mangos por hijas. Total que ahí estaba sin saber qué decir, no le hablaba a las muchachas, pero ya estaba ahí delante del matón. Le dije que quería invitar a pasear a su hija Nora, no sé cómo aceptó, le habrá llamado la atención mi atrevimiento. Nos fuimos caminando al Centrito, hasta llegar a una nevería donde le compré un *ice cream soda,* todo el tiempo seguidos por un grupo de muchachos. Yo sabía quiénes eran y posiblemente me hubiera dado un agarrón con alguno de ellos, al ser yo del Obispado, estaba invadiendo su territorio, nomás estaban tanteándome.

»Otro día fui a su casa y estaba con su novio Rubén, ¡no sabía que tenía novio! Yo seguí viéndola hasta que se enojó

el novio, y lo mandaron a volar. Yo nunca me enojé. Nora era muy bonita, siempre tuvo pretendientes.

Me le declaré en un baile, como se usaba en esos tiempos. Me contestó: "Te digo en treinta días". ¡Un mes! Jugábamos futbol americano. A los catorce años yo pesaba 82 kilos, era gustoncito, de buen comer, y bustoncito, pechugón, por eso hacía mucho ejercicio, para que no se notara. Me tocó jugar contra el equipo de Rubén, el ex novio, y en una jugada se me dejó venir. Chocó su casco en mi pierna. A él lo dejé noqueado, y a mí me dejó un dolor en la pierna que todavía me duele. A cada rato le seguía diciendo a Nora: "otra vez me está doliendo el trancazo de Rubén".

»Ella estaba enferma desde chiquita, así vivimos con su enfermedad. Noviazgo, matrimonio, hijos, el desarrollo de la calera, mis problemas legales, las bodas de los hijos, los nietos, hasta ahora que murió.

¿De qué otra forma iba a ser?

Él sigue haciendo planes, como dejar operando en orden el restaurante de su hijo en Tijuana, el Merlot; y el más importante es escribir sobre la enfermedad que padeció su esposa. Ella le decía: "Hay muy poca información de mi enfermedad, con todo lo que hemos pasado podemos ayudar a mucha gente a entenderla y llevarla mejor".

Rebautizar Villa de Juárez

En otro de nuestros encuentros me platica sobre la quinta que rentó pensando en pasar los últimos años de su esposa en un paraíso.

—Cuando nos dieron la triste e inevitable noticia que no le quedaba más de un año de vida a mi viejita, decidí sacarla de la ciudad, para poder darle sus últimos días en un paraíso y que estos fueran el mayor tiempo posible. Andaba buscando alguna quinta por la Villa de Santiago, por la Carretera Nacional, pero estaban carísimas. Me recomendaron buscar por acá. En mi primera vuelta encontré esta propiedad, tenía ocho años abandonada. Cuando la traje a verla, no lo podía creer, me dijo: "Aquí si voy a caminar". Y si pudo, un poquito con andador. Se la pasaba entretenida arreglando el jardín. Pero mira ¿apoco no le quedó fregón?

—Padrísimo. Qué padre que encontraste esta quinta. Los dueños han de estar encantados de tener un inquilino que les cuide la propiedad.

—Aquí era la hacienda de Santana de abajo, más arriba en la loma, era Santana de arriba, de esas padres tradiciones cuando se dividían solares. Probablemente todo era una sola hacienda. Al repartirse la herencia los descendientes, la separaron en la de arriba y la de abajo. Toda esta zona era el granero de Monterrey, se sembraba caña de azúcar y se producía piloncillo.

—"El Valle del Pilón" —lo interrumpo, queriendo demostrar mis conocimientos sobre el tema.

—Bueno ese está en Montemorelos.

—Desde allá hasta acá. Todo el valle desde Cadereyta hasta Linares, incluyendo Montemorelos, Allende y General Terán, todo era el Valle del Pilón.

—Ah. Pues te decía. Nadie nos dejaba que nos cambiáramos acá. Está retirado de la ciudad, desolado y peligroso. Otra vez, no les hice caso. ¿Dónde consigo este paraíso en la ciudad, y a qué precio?

»Recién instalados, fui en busca de unas medicinas y a ver cómo se las podía inyectar a Nora. Ya tenía sus venitas muy maltratadas. Me fui a recorrer farmacias por Cadereyta: no encontré quién me pudiera ayudar. Cadereyta es como Monterrey antiguo, todo mundo se conoce, pero cuenta con muy pocos servicios, el que no es de aquí no encuentra nada. Venía de regreso pensando qué hacer, si me la llevaba a Monterrey o le pedía a algún doctor que viniera de allá. Traía la cabeza dando vueltas cuando me topé un letrero en una de las quintas vecinas. Se veía recién puesto el letrero de "Doctor". Me metí a la brecha a buscarlo. Ahí estuve toque y toque, pero nadie me abría. Me regresé a la carretera, vi que el letrero tenía un teléfono. Por fortuna había cargado con el celular (casi siempre se me olvida, esa vez no). Le marqué y me contestó una vos ronca. Me abrió, todo embarrado de aserrín. El doctor había dejado a su esposa y a Monterrey a manera de escape o huida. Estaba en contra de cómo se ejerce la medicina en la ciudad. Lo habían secuestrado hacía once años. Lo dejaron sin dinero por pagar el rescate, y sin su señora por no tener dinero. Se vino a poner una carpintería y a ofrecer sus servicios como médico a la comunidad. Se volvió a casar con una enfermera. Cuando le platiqué mi situación, tanto él como su esposa se ofrecieron a ayudarme. Nosotros, que íbamos a estar lejos y desprotegidos, conseguimos unos amigos, vecinos, doctor y enfermera. Me los traje a ver a Nora. La enfermera no pudo inyectarla por lo dañado de sus venas, el doctor se ofreció a ponerle una sonda. Me cobró un costal de azúcar y otro de harina y no se los he pagado. Además de ir a veces a desayunar a su casa. Te digo que todo me pasa.

Entrados en la plática, mientras nosotros no podíamos creer las bendiciones que le caían al tío del cielo, llega Jacinta con el café, una muchachita muy servicial.

—Que ricos están los "braunis".

—Muy buenos. Son mi especialidad. Les pongo chocolate Milkyway. —Toma uno y retoma la narración donde la dejó—. Todo lo que es Villa de Juárez se llamaba Hacienda San José. Al hacerla Villa se les ocurrió ponerle Juárez, qué puntadas. Si Juárez fue enemigo de Nuevo León, vende patrias, amigo de los gringos. Se va a volver a llamar San José. Con todos los que he hablado están de acuerdo conmigo. Ese ni fue presidente, anduvo del tingo al tango. En México lo quieren mucho al considerarlo defensor de la patria contra la invasión extranjera y creador de las leyes de reformas. Esas, en realidad, las hizo Maximiliano e intentó implementarlas. A él le tocó ejecutarlas, después terminó de venderles territorios a los gringos. El tratado de Guadalupe Hidalgo decía que ellos llegaban hasta el río Nueces, a la altura de San Antonio, Texas, y este indio los dejó hasta el río Bravo, incluyendo una entrada por todo el país hasta el istmo de Tehuantepec, imagínate. Ahí planeaban hacer un cruce entre los dos océanos, estratégico para los gringos, antes del canal de Panamá. Nada más porque al presidente gringo este Polk, le ha de haber dado vergüenza quedarse con todo el país, ya no ejercieron lo de la entrada.

—Sin contar que nos pintó a Vidaurri como traidor.

—Además. Todo lo que nos dio don Santiago Vidaurri y ni una estatua le podemos hacer porque Juárez lo decretó traidor. Voy a organizar a los habitantes de las quintas vecinas para que nos regresen el nombre y se llame Villa de San José. Es el nombre histórico.

De más atrás

En otra de nuestras visitas nos remontamos a sus ancestros.

—Mi abuelo materno Juan Farías Hernández, quien ayudó a papá con los primeros hornos de cal, fue el mayor de los trece hijos de Andrés Farías Benavides. Al enviudar se casó, a los 60 años, con la hija de uno de los trabajadores del rancho, de 17 años. Él ya había tenido siete hijos, una de ellas mi mamá. Con la nueva esposa tuvo otros tantos hijos más: medios hermanos de mi madre. Ya grande llegaba a la casa a pie, ya no le alcanzaba la lana para su segunda familia. Vivió hasta los 90, antes no se esperaba que vivieran más de 65 años. Él era casi ingeniero, estudió algunos años en el MIT, Instituto Tecnológico de Massachusetts, prestigiada universidad de Estados Unidos. En aquel entonces, a los hijos de los comerciantes exitosos los mandaban a estudiar allá. Era muy ingenioso, se dedicó al agua, trabajó en Agua y Drenaje, hasta que se pusieron buenos los camotazos con los alzamientos revolucionarios. Era cuñado, por segundas nupcias, de don Evaristo Madero, abuelo de don Francisco I. Madero. Después de haber enviudado don Evaristo, uno de sus hijos, que se llamaba Raúl, le pidió a su papá que le fuera a pedir la mano de Manuelita Farías, hermana de mi abuelo. Don Evaristo, recién enviudado, llegó con mi bisabuelo a pedirle la mano de su hija para su hijo Raulito, donde va viendo a Manuelita... No —dice alargando la O—, mejor la pidió para él. La Manuelita se ha de haber agachado o algo que le llamó la atención al viejón.

No puedo evitar reír.

—Muy vivo el viejón. ¡Le quitó la novia al hijo!

—Así se las gastaban y así emparentó mi abuelo con los Madero y le entró a las revueltas.

»Los revolucionarios eran buenos para tomar. Imagínate las reuniones en Parras de la Fuente, Coahuila, con tanta vinícola. Cuentan que cuando dijeron: "Vamos a tomar a Torreón", era para seguirle la parranda allá, como está cerca de Parras... Pero algunos generales la agarraron de otra manera y sí la tomaron, pero por las armas.

—Entonces —digo entre risas—, tu abuelo participó en la revolución.

—Como era estudiado y de las confianzas de los Madero, mi abuelo Juan fue uno de los tesoreros de Pancho Villa, junto con su hermano Andrés, con el fin de cuidarle los centavos al centauro del norte. Los Villistas llegaban a los pueblos a robar, había que administrar el dinero de la revolución. Estuvo a punto de ser fusilado en el panteón de Saltillo. A uno de los generales porfiristas (¿o huertistas?) al verlo se le hizo familiar, cuando lo llevaban al paredón, y lo perdonó. Acuérdate que con tantos bandos, de cuando en cuando te tocaba de enemigo a algún amigo de la familia. Eso le costó la vida, no me acuerdo el nombre de ese general, pero su viuda le fue a llevar la espada a mi abuelo, como diciendo: "toma su espada, él que te salvo la vida, perdiendo la suya". Aquí tengo la espada guardada, un tesoro, me la quedé. Gracias a ese general estoy aquí contigo platicando. Cómo es la vida.

—Tienes muchas cosas, con razón no te quieres ir de esta quinta.

—Pos no, pero mi hijo y su esposa me regañan mucho por no irme a vivir con ellos.

—Vas y vienes, una temporada allá, disfrutando a los nietos, te caería bien el cambio de aires.

—Pos sí.

Se queda pensativo, llegó a este paraíso a pasar la última etapa con su compañera de vida, ahora no tiene claro su futuro. Yo lo regreso a la plática:

—Esas historias revolucionarias... no cualquiera presume de contar con un pariente que anduvo con Francisco Villa.

—Cuando los Villistas tomaron Torreón, por las armas no por el vino, estaba lleno de chinos. Los chinos habían levantado una ciudad a partir de los sembradíos de la zona de La Laguna, que siempre ha sido muy fértil. No dicen, pero los mataron a todos, no quedó ni un chino.

»A Andrés Farías Hernández, hermano de mi abuelo, y más pleitero que este, fue al que le tocó la negociación entre la Cámara de Comercio de Monterrey y el mismísimo Pancho Villa, mientras estaba acuartelado en Santa Catarina. Villa les pidió un millón de pesos para dejar tranquilos a los comerciantes y su ciudad. El gobernador de Nuevo León era don Roberto Bremer, abuelo de mi futura esposa Nora. Todo quedó en familia —remata entre risas.

—Oye, pura parentela.

—Fueron tiempos de mucha tensión, los comerciantes nada más le juntaron trescientos mil pesos, no sé si por codos o porque realmente estaba muy difícil la cosa. Al final, el general decidió dejar la ciudad y a los regiomontanos tranquilos.

»Cuando mataron a Villa, se fue toda la parentela a Laredo: lograron subirse al tren. Fue una huida a salto de mata. No eran bien vistos por la sociedad regiomontana los exvillistas, aunque realmente habían sido maderistas. A la gente se le quedó relacionado lo Farías con Villa. Al poco tiempo, Andrés, mi tío abuelo, se enlistó a la Gran Guerra, Primera Guerra Mundial, como gringo. Ese pela'o sí era de pleito. En Texas tenían poco tiempo de estar decidiendo quién era gringo y quién mexicano. Tiempo después, mi abuelo Juan y el resto de la familia se regresaron a instalarse en Monterrey, y aquí estamos.

Trascendencia

Al tío Andrés le apasionan la genealogía:

—¿Por qué te gusta tanto? —le pregunto—. Mi familia Canales no se ha preocupado por ello, hasta ahora algunos primos me empiezan a preguntar.

—Uno es, entre otras cosas, lo que fueron sus ancestros, más sus propias experiencias y sus lecturas. Ya llegué hasta Adán y Eva. Ellos eran Pérez, no ves que les dijo Dios: "Pérez serán".

Platicando de eso, siempre nos vamos de adelante para atrás. Empezamos con los primos, casi hermanos: su papá y mi abuelo. Hijos de dos hermanos: Arturo y Daniel Martínez Muguerza, hijos de mi tatarabuelo Miguel Martínez Cárdenas, quien manejaba diligencias de Monterrey a la ciudad de México —y un día no regresó—, y de mi tatarabuela, Dolores Muguerza, hija de José Muguerza. Terminamos con el primer Martínez que llegó a la región en 1632. Está registrado que se casó en Saltillo. Varios de sus descendientes se asentaron en

Marín, Nuevo León. Al parecer, el papá de mi tatarabuelo ya había nacido en Monterrey. ¿Cómo han de haber sido los desplazamientos de las familias reineras?

En una de nuestras reuniones lo sentí más animado. Siempre lo ha estado, pero el luto lo tenía un poco pensativo. Satisfecho de haber cumplido cabalmente con todos sus compromisos de esposo, se dio permiso de buscar con quien seguir participando del mundo de los vivos. Me confesó que había encontrado una amiga con la que podía compartir sus actividades.

—El secreto es ponerse en sus zapatos, hacer lo que a ellas les gustaría que hicieran. No falla. Me funcionó con tu tía Nora. Después te platico la última noche que pasé con ella, no sabes todo lo que me dijo. Me está funcionando ahora que a mi edad me siento como un chiquillo. Ella no quería, pero no se pudo resistir. No digas, pero es una sobrinita. Es que no falla, si lo haces con todo tu corazón.

Y termina con una frase: "Los amores cobardes, no lo son".

Otro día platicándole sobre las formas de hablar del norestense, nuestros modismos:

—Cómo son nuestras costumbres al hablar, ahí tienes el "ya dije", para dejar de perder el tiempo en cambiar de opinión, la otra es la palabra "órale". La usamos para dar órdenes, cuando nos toman por sorpresa y para confirmar un acuerdo. Así te puedo decir:

Órale, te estoy esperando.

Órale, que rico te salió el guiso.

Órale, ya estás, así quedamos.

—Y como quiera nos entendemos.

—Como si te digo "dia'máiz" es mucho, y "ni'máiz" es nada.

Dentro de sus proyectos con la producción de cal tuvo contacto con don Román, uno de los brazos derechos de don Roberto González Barrera, el iniciador de Maseca. Don Román se había criado con ellos en Cerralvo. Lo recogieron en la plaza donde boleaba, lo llevaron a vivir con ellos y lo inscribieron en la escuela. Logró ser maestro de la primaria y después se lo llevó para que le ayudara en los negocios. Tenía muchos dichos:

"No hago tratos contigo, eres tan méndigo que le mamas a un becerro trotando".

"Fiado, hasta el cerro de la silla".

"Si son de harina, ni me las calientes". Hablando de las gorditas de harina.

"El pela'o hizo negocio redondo: compró barato, vendió y plateó".

—¿Qué piensas del carácter del norestense? —pregunto.

—Tú sabes que la palabra carácter viene de la palabra sello. Para entender que el carácter es lo que nos distingue y en esta tierra eso se mama. La gente de aquí aprendió a ser cumplidora, a no rajarse, a no andarse por las ramas.

—Es lo que digo. Al norestense no le gustaban las indecisiones.

—Lo dices en pasado, David. Me estoy acordando que otra de las costumbres norestenses del pasado era que los señores viudos, porque sucedía mucho que las esposas se morían jóvenes, sobre todo en el parto, se casaran con la hermana menor de la difunta. Por un lado el pela'o no sabía nada de la crianza de los niños, alguien tenía que hacerse cargo y qué mejor que la joven tía; por otro lado, el patrimonio quedaba en las mismas familias. Así tenías medios hermanos, pero con los mismos apellidos.

Mientras platicamos, el tío Andrés está con su Palm, pidiendo la contraseña del internet, bajando información de lo que platica, sustentando las dudas que van saliendo, además de no perder contacto con su ahora mejor amiga. Yo le salgo con una pregunta:

—Tengo una duda existencial, ¿crees que hay diferencia entre puto, pinche y chingado?

—Ya sé por dónde vas. Tú puedes decir:

Hace un puto calor.

Qué pinche calor está haciendo.

No aguanto este chingado calor.

—A eso me refiero.

—No es exactamente igual, con perdón de los jotos y de los ayudantes de cocinero, son diferentes enfoques: usas puto si te quieres enfocar en lo traicionero, si tú creíste que ibas a tener un buen día y resultó que no, entonces es un puto día. Pinche es feo, si tienes un mal día, pero ya lo esperabas, así es un pinche día. Chingado habla de cansancio, así que si el día esta bonito o feo, pero ya te hartó es un chingado día.

—¡Órale!

—Luego te platico del personaje Cruz Treviño Martínez de la Garza, de las películas La Oveja Negra y No Desearás La Mujer De Tu Hijos. Nosotros somos Martínez.

—"Diunávez".

—En don Cruz se ve la imagen del padre norteño autoritario y machista, interpretado fregonamente por don Fernando Soler. Grandes artistas que fueron los hermanos Soler, originarios de Saltillo, fíjate. Como gran película, estas características las lleva al límite entre el drama y la caricatura. Es el México provincial de finales de los 40. Con un adulto mayor de entonces, cercano a los 60 años, muy bien vividos. Aprovechando su posición social, que le daba la hacienda que, para acabarla, no era de él sino propiedad de su esposa Vivianita (Dalia Iñiguez). Muchas mujeres quieren con él y tiene varios ahijados (hijos naturales) regados por la comarca. Con el fin de reforzar su autoridad, trata a su hijo Silvano (Pedro Infante), en frente de todos, como a un niño, de alrededor de 25 años. Por supuesto, Cruz Treviño Martínez de la Garza es borracho, mujeriego, jugador, desobligado. Lo que lo hace único en su género es lo exagerado de sus acciones y su actuación. Dejándonos unas frases como:

"Hágase a un la'o".

"¡Ya llegó su padre, móndrigos!"

"A don Cruz Treviño Martínez de la Garza se le debe de esperar siempre, tarde dos días o dos años, faltaba más".

"Cállate, mequetrefe"

"Yo creo que soy el diablo, compadre, pero un pobre diablo."

La frase que lo pinta de cuerpo entero, al final de la película La Oveja Negra:

"Si no fuera tu padre, te pediría perdón, pero mi'jo, ¡yo te perdono!"

El tío Andrés es un buen cliente de la labor que hacemos con la venta de productos de los pueblos norestenses que llamamos *De estas tierras*. Nos compra blanquillos y semita chorreada. Un día que fue a cenar a la casa, platicando sabroso:

—Qué bueno que me vas a surtir los huevitos. Voy a hacer unos taquitos de huevo con chorizo, luego los voy a subir con un chofer de la ruta Monterrey-Villa de Santiago, que los pasee

una o dos vueltas. Ya te los comes cuando regrese, ¡recalentadi-
tos! Tienen que ir envueltos en un pañuelo y en bolsa de papel.

Tantarán tantán.

LA UNIÓN DE LA REGIÓN

No es que fuera misterioso
... pero no se sabía nada de él.

Ya no se acuerdan quien inició el movimiento, pero todos acuden a las reuniones con mucho entusiasmo y con la consigna clara de lograr el objetivo de toda una región. Se convoca por redes sociales y hasta los más veteranos se enteran. Las juntas son al aire libre, los sábados por la tarde, en donde debería de ser el día, la zona y el lugar de las familias regiomontanas: la Macroplaza. No lo había sido desde que la construyeron. Ahora parece que ya se está arraigando esa recreativa actividad de pasear en familia, gracias a esta causa común.

En cada reunión se suman más nuevoleoneses dispuestos a dar su tiempo y algo más para obtener lo que ellos consideran parte de su identidad, de una manera republicana, contando con autonomía como estado para escoger a sus héroes. Ahí se juntan muchos de los personajes de este libro.

Está Fernando Garza Quirós:

—Me jacto de entender nuestra historia. Lamento que no hubiéramos hecho esto antes y nosotros como borregos hemos aceptado el centralismo, pero ya no. Así sea lo último que haga, ayudaré a que Nuevo León decida, ya dije. El indio tácuaro decidió. En el centro, por el odio imperialista, lo secundaron. Y que digan misa los de Coahuila, si no lo vamos a poner en Saltillo. Sí, ¡fuera de Nuevo León no hay salvación! No lo saben y lo deberían de saber, ¿porqué una región inhóspita, sin plata, sin paz, sin caminos, se volvió de pronto tan importante?, ¿por la asignación de nuestro primer Obispo en 1782?, ¿por la separación de Texas en 1835?, ¿por haber logrado la pacificación en 1855?, ¿por el comercio que se generó gracias a la guerra civil de los gringos en 1861? Ya no te pregunto por la llegada del ferrocarril o el gobierno de Bernardo Reyes, esos fueron después de que Juárez viniera por la lana de las aduanas, camino a juntarse con los gringos. Si tu respuesta se inclina por la tercera o cuarta, entonces, ¿quién debería de estar en la Explanada de los Héroes? Qué tan grande sería el comercio de la zona que entraban barcos por el río Bravo para sacar mercancía al golfo. Por cierto, se han dado cuenta de que el río Bravo no tiene piedras, ¡es puro lodo! Por eso perdimos contra los gringos, ellos muy armados y nosotros ni piedras de río.

Está Andrés Martínez Farías:

—Unidos como en la época de nuestros abuelos y más pa'trás. Dar reconocimiento a nuestro pasado. Esto no es sólo de justicia sino de memoria colectiva. A mis 80 años hay tanto por hacer: el restaurante de Tijuana; este grupo que cada que vengo me da gusto ver cómo va avanzando; sigo con el tema de regresarle el nombre a la Villa San José, que ya no se llame Villa de Juárez; y si le sigo podemos agregar el rescate de la Estanzuela, donde vi mi luz primera. Ese parque necesita varias

manitas para que sea pulmón de Monterrey. Y como decimos acá: "Ya dije" voy a ayudar a este grupo. Así como le hacían antes las iglesias que les pedían a los parroquianos sus llaves para fundirlas y con ellos hacer la imagen de bronce de algún santo patrono, aquí traigo un montón de llaves, que ya no se ni qué abren, y si cada quien trae las suyas, tendremos el bronce suficiente, más seguro más ma'rrado.

Está Humberto de la Garza García:

—Quien nos viera tan unidos. Vengo con mis hijos, que como siempre me hacen montón, somos parte de la comunidad. Somos de trabajo, no nos gusta hacerle al monje, pero eso sí, muy mitoteros. Ya se juntó un gentío hijos de la chin... ¿No le haremos una estatua a mi abuelo de una vez? Acuérdense que fue licenciado y general.

Está Cecilio de León:

—Yo sé de él lo que escuché de niño. Como es de Lampazos de nacencia, desde Villaldama hasta Anáhuac, pasando por la mesa de Cartujanos, y el norte de Coahuila, según los asegunes, todos saben como transformó esta tierra. Ya viviendo en Monterrey nadie había hablado de él, hasta ahora que andamos haciendo testera. Y aquí venimos a lo que nos truje chencha, la mejor de las tardes, a ser parte de este despertar regional.

Está Roberto Alexander Erhard:

—Si hablamos de que la historia hace justicia, esta se hace logrando que la gente ponga atención en la verdadera historia. Hechos, datos, registros, archivos, memorias, ahí te das cuenta quién es quién y, de hecho, sabes a quién debemos reconocer. Quién me viera tan tímido y metido en estas cosas. Pero la verdad hay que encontrarla y defenderla. Hay más causas que deberíamos apoyar, como las historias de las familias de Laredo que decidieron cruzar el río Bravo para permanecer como mexicanos cuando se dividió.

Y estoy yo, David Canales Martínez:

—Como escritor de historia del noreste, claro que soy parte de este grupo. Nuestra Explanada de los Héroes tiene cuatro monumentos: Hidalgo, Juárez, Morelos y Escobedo (el único Norestense, de Galeana Nuevo León); y con siete restos mortales: José Silvestre Arramberri, José Francisco Naranjo de la Garza, Bernardo Reyes, José María Mier Santos, Juan Zuazua Esparza, Antonio I. Villarreal, y Pablo González Garza. ¿Faltan muchos, no? Pero ahorita estamos luchando por uno en especial. Y aquí no se trata de conservadores contra liberales, anticlero contra clero. Espero que ya estemos más maduros como para erradicar esas divisiones que tanto daño nos hicieron en el pasado. Quédense tranquilos los Juaristas, no se les va a quitar ninguna de las más de mil estatuas que hay de don Benito en todo el país. Aquí estamos hablando de un pueblo que quiere rendir homenaje a uno de sus hombres ilustres, que sin duda lo fue.

»El objetivo del grupo es poder contar con una estatua de Santiago Vidaurri en la Macroplaza de Monterrey, en la Explanada de los Héroes, si no, quitar a Neptuno que ni pitos toca y ponerlo ahí, como nuestro guía. Habría que tener cuidado de no ponerlo en cueros, como el mentado Neptuno. No les estamos preguntando a los que no son de aquí. Esto es una decisión de la gente De Estas Tierras.

»En la reunión pasada, la más nutrida de todas, donde ha quedado claro que en el noreste hay un antes y un después de

Vidaurri, (no sería el primero en enfrentar los problemas sin ayuda del centro, pero quizá sí el primero en no ser sumiso), nos propusimos hacer algunas actividades de presión para acelerar el proceso de la estatua. Se han topado con grupos anticlericales, anticonservadores, antirepublicanos, anti (lo que el lector guste poner), y con una burocracia no muy dispuesta a tomar acciones. Se decidió aumentar la presión.

»Una de las actividades aceptada por el grupo fue la de publicar la carta de Vidaurri en donde queda demostrado que él nunca tuvo la intención de participar en el movimiento separatista. Fue muy norestense y muy mexicano. Luchó para engrandecer a la región, pero siempre pensando en el país.

»Otra de las actividades que han definido es la de permanecer al menos un simpatizante sentado en el lugar donde exigen quede el monumento a Vidaurri, por turnos. Adecuaron una silla e hicieron una lista con los voluntarios, los primeros seis en permanecer cuatro horas cada uno en el relevo, a partir del 26 de Febrero de 2018 a las ocho de la noche, por ser el día que Juárez decretó a Vidaurri traidor a la patria (lo hizo desde Saltillo después de su visita el 14 del mismo mes de 1864), fueron: Fernando Garza Quirós, Andrés Martínez Farías, Humberto de la Garza García, Cecilio de León, Roberto Alexander Erhard, y David Canales Martínez, todos personajes de esta historia. Son gente que cuando se proponen algo, hay que fregarse.

Tantarán tantán.

EPÍLOGO Y AGRADECIMIENTOS

Dos características del norestense que me llaman mucho la atención: trabajo y familia. De uno de los libros de memorias norestenses: "Recordaba el dicho de mi padre «De dos cosas no se arrepiente el varón: de levantarse temprano y de casarse joven»". El matrimonio a temprana edad hace a las personas responsables, conscientes de sus obligaciones. No solo se casaban jóvenes, los hijos llegaban desde el principio. Ahora se casan más grandes buscando "aprovechar mejor la vida" y una vez casados se esperan a tener hijos con el fin de "disfrutar un tiempo en pareja", ¿a qué edad se hacen responsables?

"Antes de la invención de la escritura, el saber humano se reducía a lo que una persona o un reducido grupo de individuos acertaba a recordar (me viene a la mente la forma como se trasmitían sus conocimientos las civilizaciones antiguas, de generación en generación). *A veces se lograba preservar un sustancial acopio de información, como en los Vedas y en los dos grandes poemas épicos de Homero. Pero, por lo que sabemos, Homeros hubo muy pocos. Después de la invención de la escritura se hizo posible reunir, integrar y utilizar la sabiduría acumulada de todas las épocas y de todos los pueblos; el hombre dejó de estar circunscrito a lo que ellos o sus compañeros más allegados eran capaces de recordar".*

Carl Sagan en los *Dragones del Eden*

Esto de escribir me deja con muchas deudas y agradecido. Primeramente a mis personajes les debo una lección de vida. A mis primeros editores Arturo Ancira, mi Cloche, a Beto Salán y a Patricio mi hermano. A los familiares de mis personajes Víctor de la Garza, Olga Martínez, Pepe Grici, Andrés y Humberto Jasso, Beto Salán, Fernando Alexander, Andrés Martínez Bremer, Alicia Maldonado de Canales, Alberto Milmo Garza. A mis compañeros de reunión de La Cofradía de la Crónica, en especial a Carlos Gomez, orgulloso cronista de Bustamante, a mis editores Roberto Martínez. Jaime Palacios, Jorge Adame, mi profe Amado Barrera, y Antonio Ramos Revillas, cuando leyeron cada uno el borrador por separado, sus opiniones fueron un gran empuje. A mi padrino y principal promotor don Ángel Robles.

ANEXOS

Del archivo familiar de
Patricio Milmo Hernández

Al Gral. D. Santiago Vidaurri.

Monterrey, Méjico.

San Antonio, Agosto 12 de 1856.

General Vidaurri.

Señor, la noticia de la Proclama de U. a favor de la República de la Sierra Madre, acaba de saberse en esta ciudad
y me permitirá que le anuncie que fue recibido con grande
entusiasmo y un deseo positivo de que U. salga feliz en su
noble y gloriosa empresa. Todo Tejas estará pronto a mi llamado a favor de la libertad cuando U. requiere su auxilio.
Me dirijo a U. con el objeto de poner esto en su conocimiento
y para asimismo asegurar a U. y sus esclarecidos compa-
triotas de Monterrey que centenares de jóvenes entusiastas
de Tejas solo aguardan la voz de U. de una manera formal
con el fin de unir su suerte al de los hijos de la libertad y
ayudarles en plantear y sostener la Bandera de la Sierra
Madre.

Probablemente U. estará informado que yo soy el mismo
individuo, que anteriormente ofreció a U. mis servicios
hace un año para derrocar el Gobierno despótico de Santa
Anna.

También soy el mismo que con anterioridad ofrecí mis
servicios y los de mi compañía al Gobernador de Chihuahua
Ángel Frías para la persecución de indios en la parte Norte de la Frontera de Méjico. Después fui comisionado por el
Estado de Tejas, para castigar a los indios Lipones en la
vecindad de San Fernando, y en cuya expedición de derramo

alguna sangre de los Mejicanos pero desgraciadamente esto lo causo la imprudencia de algunos vecinos del mismo San Fernando, quienes defendían y abrigaban a dichos salvajes en sus depredaciones contra Tejas, y si ha habido o se hayan cometido en dicha campaña algunas demacias, la culpa es del Gobernador y pueblo de Tejas, pues nosotros no hicimos otra cosa que cumplir las órdenes que se nos dio, y si hubo efusión de sangre, fueron culpables también el Capitán Menchaca y Patiño, quienes fueron los primeros en romper las hostilidades.

Sin embargo de no tener el honor de conocer a U. personalmente, pero vendrá U. en conocimiento por mi carácter que siempre ha pertenecido a las filas de los Liberales, y siempre he deseado el ayudar a los oprimidos, y en el caso de que llegase el caso estoy dispuesto a sacrificar mi existencia. Por estas razones U. no podrá dudar de que mis deseos son los de sacrificarme por la Santa causa de la República de la Sierra Madre.

A pesar de que hace poco que he sido elegido al honroso y lucrativo destino de Sheriff de este Distrito, no obstante lo renunciaría por algún tiempo, para poder tomar parte en la gloriosa Lucha de la Independencia de la República de la Sierra Madre.

Si U. considera fundadas mis razones tendré mucho placer en recibir la contestación de U. a la posible brevedad.

Soy de (U) obediente servidor.

W. R. Henry

A Mr. W. R. Henry
San Antonio (Texas)

Monterrey, Sept. 8, 1856

Muy Señor Mio:

Tengo a la vista y contesto la carta de U. fecha 12 de agosto
próximo pasado, la que me ha llenado de sentimiento al ver que mi
proclama de la de julio se ha entendido de manera que en ella se ve
la declaración de la República de la Sierra Madre.

Las ideas que profesa en unión mia, el estado que tengo el honor de gobernar, están muy distantes de ese proyecto, que puede
atribuirse a la mala inteligencia de alguna de mis expresiones,
y suplico a U. se sirva rectificar esa inteligencia por lo que me
complazco en manifestarle.

Muy desfavorable sería el juicio que se formará de un hombre que estando atacado por algún mal en todo su ser, resolvería
mutilares uno de sus miembros, sabiendo que no por esa mutila-
ción sanaria de sus dolencias. Lo mismo sucede con nosotros los
fronterizos, como Mexicanos, y con nuestra separación de Mexico
no alcanzariamos el remedio de los males que aquejan a nuestra
patria.

La República Mexicana ha sido y aún es bastante desgraciada,
y eso mismo nos hace querer más cada día la unión de los pueblos
que la forma, y procurar su bienestar y felicidad por cuantos

medios nos sean dables, sin abjurar jamás el nombre de mexicanos con el que queremos morir o ser dichosos. La expresión de estos sentimientos tengo el placer de anunsiársela a U. como el eco de los que guían a los ciudadanos que están bajo mi gobierno. Es cierto que existen entre el Gobierno federal y el de este Estado algunas diferencias; pero sean cuales fueren estas al fin se terminarán de una manera que no se rompa la unidad nacional, ni se dé motivo a promover escisiones perjudiciales y contrarias a los intereses bien entendidos de estos pueblos.

No existiendo, pues, el motivo con que U. me exprese la voluntad de la juventud de Texas, y me hace los ofrecimientos de su auxilio en una empresa que ni aun en ella se piensa, me veo en la necesidad de salvar mi contestación sobre esas ofertas.

Sírvase U. no obstante aceptar la buena voluntad con que me ofresco como su amigo y servidor.

Q.B.S.M.

Santiago Vidaurri

BIBLIOGRAFÍA

Adame, Jorge y Homero. *Norteñismos Norestenses.* El Noreste de México 2007.

Barbosa Alanís, Hector Javier. Monterrey, *Descubre el ayer de nuestra ciudad.* APP editorial. 2010, Mty N.L.

Benavides Hinojosa, Artemio. *Santiago Vidairri.* Tusquets editores. México 2012.

Cavazos Garza, Israel (coordinador). *La Enciclopedia de Monterrey* Tomo II, Editorial Grijalbo. 1996, México.

Chapa Góngora, Francisco J. *Santiago Vidaurri.* Editorial Font. Monterrey NL 2013.

Del Hoyo, Eugenio. *Historia de México, conversaciones con... De Guillermo Zambrano,* Primera reimpresión 2014.

Elizondo, Eugenia. *Juana de Cadereyta.* Ediciones Mañana Lloverá. 2015, Tijuana, BC.

Elizondo, Ricardo. *El Lexicón del Norestense.* Itesm 1996.

Garza Quirós, Fernando. *Muebles y utensilios de la región noreste.* 1990, UANL FAV.

Garza Quirós, Fernando. *Caballo blanco, mito y leyenda de Agapito Treviño.* 1982, Cuadernos del Topo, Mty N.L.

Guerrero Aguilar, Antonio. *José Benítez*. 2016, Monterrey, México.

Juancrouset.blogspot.mx/2009/11/el-deterioro-de-la-alameda-mariano.html

Llaguno Farías, Manuel. *La Empresa de Vivir*. Editorial Font. 2014, México.

Perez Orozco, Salvador. *Entrevistas del hermano lasallista*.

Ruiz Hernández, María Inés. *Vivencias*. Colección Testimonios, No 3. Fondo Editorial Nuevo León. 2008, Monterrey, NL.

Sagan, Carl. *Los Dragones del Eden*. Editorial Grijalbo 1984, México, DF.

Serrano Álvarez, Pablo. *Porfirio Díaz y el Porfiriato. Cronología (1830-1915)* (1a. edición). Instituto Nacional de Estudios Históricos de las Revoluciones de México. 2012, México.

Tyler, Ronnie C. *Santiago Vidaurri y la Confederación Sureña*. AGENL, Monterrey NL., 1973

Vizcaya Canales, Isidro. *Los orígenes de la industrialización de Monterrey*.

www.villaldama.com

www.zocalo.com.mx/seccion/opinion-articulo/presa-don-martin-1364356426

Zeraoui, Zidane. *Los árabes en México; el perfil de la migración*. El Colegio de México, 1996.